Irmgard Huber / Helga Stahn

Mit Gott zusammen unterwegs

Feiern mit der Bibel
Band 29

Für unsere Enkel Emilia und Paul,
Catalina und Gabriel

Irmgard Huber / Helga Stahn

Mit Gott zusammen unterwegs

Praktische Tipps und Modelle für Wallfahrten mit Kindern und jungen Familien

 bibelwerk

www.bibelwerk.de

ISBN 978-3-460-08029-4

© 2010 Verlag Katholisches Bibelwerk GmbH, Stuttgart
Für die Texte aus der Einheitsübersetzung der Heiligen Schrift:
© 1980 Katholische Bibelanstalt GmbH, Stuttgart
Umschlag: Finken & Bumiller, Stuttgart
Coverbild: photocase.com, Maiwald
Satz: Satz & mehr, Besigheim
Druck in Europa

Inhaltsverzeichnis

Vorwort

Wie die Idee zu unserem Buch entstand

Anlässlich unserer jährlichen Sternwallfahrt auf Dekanatsebene entstand der Wunsch, Familien mit kleineren Kindern bis ins Grundschulalter eine auf ihren Personenkreis zugeschnittene Teilnahme an dieser Wallfahrt anzubieten. In wechselnden Teams erarbeiteten anfangs haupt- und ehrenamtliche kirchliche Mitarbeiter/innen ein sinnvolles Konzept für dieses Anliegen. Über die Jahre bildete sich ein konstantes Team für dieses zeit- und organisatorisch aufwändige Unterfangen, ein „harter Kern", heraus. Deshalb möchten wir an dieser Stelle Seelsorgehelferin Ruth Schäfer und besonders Diakon Michael Baindl für die vielen Ideen und die konstruktive Zusammenarbeit danken.

Was unser Anliegen ist

Pilgern ist „in". Es ist ein auffälliges Phänomen, dass seit einigen Jahren immer mehr Menschen, selbst solche, die ehrlich zugeben, von Religion ansonsten nicht viel zu halten, im Bekanntenkreis stolz und mit glänzenden Augen von zurückgelegten Pilgerwegen als Wohltat für Körper und Geist schwärmen. Ob in Tageszeitungen oder Illustrierten, in Broschüren von Bildungsinstitutionen oder in Gemeindebriefen – Pilgerangebote oder Reportagen über Pilgerreisen sind plötzlich überall zu finden. Nicht zuletzt durch Erfahrungsberichte prominenter Mitmenschen weckt dieser Begriff Neugier und Interesse.

Obwohl mit dem Pilgern eng verwandt, verhält es sich mit dem Wallfahren ganz anders. Die Wallfahrt gilt weitgehend als eine überholte Glaubenspraxis aus der Vergangenheit, die in der Gegenwart niemanden mehr begeistern kann. Schon gar nicht junge Eltern und deren Kinder. Wir haben andere Erfahrungen gemacht, sogar sehr positive. Deshalb möchten wir Sie mit unserem kleinen Leitfaden dazu ermuntern, doch einmal einen Versuch zu wagen. Sechs in der Praxis erprobte Beispiele können als Anregung dienen. Wir hoffen, dass dieses Buch auf das Interesse von vielen haupt- und ehrenamtlichen Mitarbeitern in den kirchlichen Gemeinden stößt, deren Lust auf das Organisieren von Wallfahrten weckt und die Umsetzung ihrer Ideen in die Tat erleichtert.

Irmgard Huber und Helga Stahn

Vorüberlegungen

Warum Gehen das Herz in Bewegung bringt

Wessen Herz hüpft, der hat gemäß der Redensart keine Herz-rhythmusstörungen, sondern ganz einfach Grund zur Freude. Und wenn die Seele lacht, spüren wir das besonders in der Körpermit-te, etwa da, wo das Herz sitzt. Dass Leib und Seele eine Einheit bilden und sich im Befinden gegenseitig beeinflussen, wussten schon die alten Griechen. Deshalb ist es nur logisch, dass man nicht zuletzt seiner Seele einen Gefallen tut, wenn man bei einer Wallfahrt den Körper in Bewegung bringt und dabei einen ange-nehmen Rhythmus findet. Das Spüren der eigenen Lebendigkeit rührt das Herz an und macht es froh. Dass das „Wallen" letztlich unser Herz erfreut, lohnt sich zu bedenken. Das „Gehen" ist eine Grundkonstitution des Menschen und kommt besonders dem Be-wegungsdrang von Kindern entgegen. Kinder werden in unserer hektischen Zeit oft von einer Veranstaltung zur nächsten gefah-ren. Sie müssen dann lange still sitzen, was leider auch den Got-tesdienstbesuch betrifft. Das Erleben eines gemeinsamen rituali-sierten Gehens im Glauben fehlt ihnen fast gänzlich. Eigene sinnliche Wahrnehmung auch in der Natur und Hinwendung zum anderen kommt bei der Wallfahrt einem alle Sinne ansprechenden Glaubensweg entgegen.

1. Das „Wallen" als Lebenshilfe mit langer Tradition

Was macht jemand, der „wallt"? Ganz einfach: Er ist unterwegs. Aus dem Althochdeutschen "wallon" für „wandern", „reisen", „von Ort zu Ort ziehen" wurde das mittelhochdeutsche und mittelnie-derdeutsche „wallen". Daraus entwickelte sich der Begriff „walle-vart", der sich ursprünglich nicht nur allein auf das Gehen mit den Füßen bezog, sondern allgemein das Umherziehen meinte, einschließlich dem auf dem Wasser, also ein Unterwegs-Sein, das in der Regel spannend, anstrengend, oft auch gefährlich war und Erlebnisse mit sich brachte, die man sich am heimischen Herd nicht einmal hätte ausdenken können. Religiös motiviert war die

Wallfahrt ursprünglich nur dann, wenn das Ziel des Unterwegs-Seins ein „heiliger Ort" war.

Im Unterschied zum Pilgern, das nicht zielgerichtet sein muss und keine Riten braucht, ist im heutigen Verständnis eine Wallfahrt stets mit einem religiös geprägten örtlichen Ziel verbunden und wird oft aus einem konkreten Anliegen heraus unternommen. Sie ist ein in Gemeinschaft erlebter Glaubensweg, gekennzeichnet von einer festen Ordnung und ritualisierten Strukturen wie z. B. Gebeten und Liedern.

Die Wallfahrt als das Unterwegs-Sein einer Gemeinschaft von gläubigen Menschen zu einem Heiligtum ist keine christliche Erfindung, denn alle Weltreligionen kennen bestimmte Wallfahrtsorte und -bräuche. Wohl aber ist sie eine christliche Gepflogenheit, die bereits für die Spätantike belegbar ist.[1]

2. Unterwegs mit den Menschen – die Predigtpraxis Jesu als Vorbild

Auch Jesus war als Wanderprediger viel unterwegs – überwiegend in Gemeinschaft mit seinen Jüngern. Sein Ziel war letztendlich die heilige Stadt Jerusalem, wo auf dem Tempelberg alljährlich zum Paschafest die Ströme wallfahrender Juden eintrafen. Indem Jesus Menschen einlud, mit ihm loszuziehen, machte er denen, die der Einladung folgten, einen mit allen Sinnen in Gemeinschaft erfahrbaren Glaubensweg möglich, ohne auf traditionelle, in jüdischer Glaubenspraxis verankerte Rituale und Gebete zu verzichten. Nicht das stagnierende „Bleibt da!" sondern das dynamische „Kommt mit!" war seine Devise. Sein Vermächtnis war nicht in erster Linie eine neue Lehre, sondern die Erinnerung an einen gemeinsamen Weg, die bei denen, die sich darauf eingelassen hatten, zu einer neuen Ausrichtung des Lebens führte. Demgemäß bezeichnete sich die junge Kirche, die in der Apostelgeschichte beschrieben wird, als „Anhänger des neuen Weges"[2].

---

1 Zu Etymologie und Entwicklungsgeschichte der Wallfahrt, auch im Unterschied zum Pilgern vgl. K. Schäfer, S.3, R. Berger, S. 538 f. und Wikipedia / Wallfahrt.

2 Vgl. EÜ, Apg 9,2; 19.9.23; 22,4; 24,14.22.

3. Die Kirche – Volk Gottes unterwegs

Das II. Vatikanum griff in der Dogmatischen Konstitution über die Kirche „Lumen gentium" diesen Vergleich mit einer Weggemeinschaft wieder auf. Die Kirche wird darin in Anlehnung an die Wüstenwanderung des Volkes Israel als Volk Gottes, als vom Heiligen Geist geleitete und von sorgender Achtsamkeit füreinander geprägte Gemeinschaft beschrieben. Dieses Volk Gottes ist demnach in Raum und Zeit pilgernd unterwegs, um zum himmlischen Jerusalem zu gelangen[3]. So gesehen, ist das Volk Gottes eine Gemeinschaft voller Dynamik und zugleich großem Zusammenhalt. Sie verbindet die, die diesen Weg bereits gegangen sind, mit denen, die noch unterwegs sind. Unaufhörlich ziehen die christlichen Weggefährten Spuren in der Welt und laden Suchende zum Mitkommen ein. In einer pluralistischen Welt, die viele Menschen halt- und orientierungslos nach neuen Wegen und zuverlässigen Weggefährten fragen lässt, zweifellos ein attraktives Bild!

4. Kinder und junge Familien als Kirche der Zukunft

In einer Zeit des mediengesteuerten Überangebots von Informationen bietet die Kirche Eltern von Kleinkindern zwar eine Fülle von Broschüren, praxiserprobten Ratgebern, Kinderbibeln, altersgemäßen Gebeten und vieles mehr an. Aber mit zeitgemäßen Angeboten für die stark traditionsgebundene Glaubenspraxis sieht es mager aus. Für Familien mit kleinen Kindern bis ins Grundschulalter gibt es zwar Krabbelgottesdienste, Kleinkinderwortgottesdienste, Advent- und Weihnachtsfeiern, Kinderkreuzwege und Osterfeiern, um nur einige zu nennen. Und die Palette moderner kindgemäßer Glaubensunterweisung ließe sich endlos fortsetzen. Doch wo finden Kinder und junge Familien, die einmal die Kirche der Zukunft ausmachen werden, ihren alters- und situationsgerechten Platz in traditionellen Ritualen und Gebetsformen in den Kirchen? Wo finden Eltern, die nicht eng mit traditioneller Glaubens- und Gebetspraxis der Kirche vertraut, jedoch am Glauben interessiert sind, zeitgemäße und annehmbare

---

3   Vgl. Lumen gentium 9 aus: Kleines Konzilskompendium, S. 133 f.

Bedingungen für ihre Verwurzelung in sehr alten Glaubensformen wie etwa der Wallfahrt? Wie kann man heute solch eine Jahrhunderte alte ritualisierte Form des Betens und Glaubens wieder mit neuem Leben füllen, sie für Kinder und Erwachsene gleichermaßen neu erfahrbar machen und sie in die Lebenswelt von Familien integrieren, damit sie nicht verloren gehen? Man muss ihnen das Konzept Wallfahrt im altersentsprechenden, lebensnahen Kontext vermitteln. Nur dann kann diese Form des Glaubenerlebens auch von ihnen in eine Kirche der Zukunft getragen werden.

5. Die religiöse Sozialisation auf dem Hintergrund der aktuellen Familiensituation

Familienstrukturen haben sich in den letzten Jahren sehr verändert. Kleinfamilien, Alleinerziehende mit Kindern und sogenannte „Patchwork-Familien" prägen heute auch unser christliches Gesellschaftsbild. Die Ansprüche an berufliche Flexibilität und Mobilität bestimmen zunehmend den Familienalltag. Viele Eltern fühlen sich heutzutage mit der Aufgabe einer kirchenorientierten christlichen Erziehung überfordert und nicht selten alleingelassen. Auch der sonntägliche Gottesdienstbesuch wird von vielen Familien hierzulande oft nur sporadisch wahrgenommen. Einerseits findet religiöse Sozialisation heute zunehmend weniger in den Familien statt, und das Kennenlernen der eigenen Konfession, die Vorbereitung auf kirchliche Feste, Liturgie und Sakramente, entwickelt sich zwangsläufig immer mehr zu einer Aufgabe, um die sich die Kirchengemeinden allein zu kümmern haben (siehe Modell 6). Andererseits lässt es sich nicht leugnen, dass in jungen Familien, trotz aller Distanz zur Kirche und der Hilflosigkeit vieler Eltern bei der Glaubenserziehung, durchaus eine Sehnsucht nach erfüllender Glaubenserfahrung vorhanden ist. Es stellt sich die Frage, ob diese Familien nicht auch in scheinbar unzeitgemäßen Formen von Gebet und Liturgie ihren Platz finden können, wenn diese Formen das entscheidende Kriterium erfüllen: dass sie zu Herzen gehen und rückbinden an eine tragende Gemeinschaft. Genau diese Erfahrung ist auf einer Wallfahrt möglich, denn sie eröffnet generationsübergreifend den Zugang zu ureigensten christlichen Gebeten und Ritualen außerhalb des sonntäglichen Gottesdienstes und möglicherweise auch eine Neu- bzw. Wiederentdeckung von Kirchenräumen und Heiligenverehrung.

6. Kinder- und Familienwallfahrten als Ausdruck einer zeitgemäßen Seelsorge

„Seelsorge und Beratung sind zentrale Aufgaben der Kirche. Ihr Ziel ist es, das Bekenntnis zu Jesus Christus glaubwürdig zu vermitteln. Alle Christen sind durch ihre Taufe dazu berufen, den Glauben zu bezeugen, andere Menschen zu begleiten und sie zu ermutigen, ihr Leben am Evangelium auszurichten. Neben den Hauptamtlichen sind die vielen ehrenamtlichen Mitarbeiterinnen und Mitarbeiter in der Seelsorge und in den Beratungsstellen unverzichtbar."[4] Überträgt man diesen Leitgedanken, mit dem die Katholische Kirche auf ihrer Homepage ihre ureigensten Aufgaben umreißt, auf die Wallfahrt, kann man diese durchaus als zeitgemäße Form der Seelsorge betrachten. Ist eine Wallfahrt nicht eine Form kirchlicher Praxis und Seelsorge mit liturgischen Elementen, von Priestern, Diakonen oder im Auftrag derer von Laien geleitet, ein Glaubenszeugnis, eine Begleitung im Blick auf das Evangelium? Bietet sich eine Weg-Begleitung von Familien mit Kindern nicht als Chance für sinnvolle Zusammenarbeit von haupt- und ehrenamtlichen Mitarbeitern in den Gemeinden als Dienst an den Menschen an? Wir meinen, dass gerade im gemeinsamen Vorbereiten und Durchführen von Kinder- und Familienwallfahrten ein erfahrbares Zeichen von Gottes Nähe und Liebe sichtbar gemacht werden kann.

---

4 Homepage von Katholische-Kirche.de / Suchen+ Finden / Seelsorge + Rat, 2010.

Warum bei einer Kinder- bzw. Familienwallfahrt auch gelacht werden darf

In Rupert Bergers „"Neuem Pastoralliturgischen Handlexikon" ist zu lesen, dass der Besuch von Gnadenstätten im Rahmen einer Wallfahrt zu fördern ist, „vorausgesetzt, dass er in der rechten Haltung geschieht. Weil sie leicht fehlt, gibt es in der Kirche von Anfang an eine kritische Haltung gegenüber dem Wallfahren"[5]. Was unter der „rechten Haltung" zu verstehen ist, wird verschwiegen, lässt allerdings Raum für eigene Überlegungen.

1. Die Stimmung bei Wallfahrten

Eine Wallfahrt ist – so die übliche Praxis in vielen Gemeinden – eine ernste Angelegenheit. Da muss man Rosenkranz murmelnd weite Strecken zurücklegen, unzählige Male die Kehrverse antiquierter Litaneien wiederholen und geduldig ertragen, dass der nicht enden wollende Gebetsreigen einen davon abhält, über die Blasen an den Füßen zu jammern. Sollte sich der liebe Gott so sehr über diese Opferbereitschaft freuen, dass er sich huldvoll den Frommen zuwendet, Bitten erhört, Schuld vergibt oder den Dank für himmlischen Beistand annimmt? Keine göttliche Gnade also ohne ein Opfer als Gegenleistung? Das hinter dieser Einstellung zur Wallfahrt stehende Gottesbild wird junge Familien zu recht eher abschrecken als sie neugierig machen. Und das ist schade, denn Gott verlangt von uns keine Opfer. Ein frohes Lachen ist ihm lieber. Weshalb es an der Zeit ist, alle Wallfahrer – nicht nur die Kleinen – spüren zu lassen: Eine Wallfahrt ist etwas Frohmachendes! Und sie ist spannend, weil die Geschichten von Gott, Jesus und den Heiligen in den Bann ziehen und viel mit dem eigenen Leben zu tun haben. Eine Kinder- oder Familienwallfahrt als interessantes Angebot zu präsentieren, wird bei guter Vorbereitung gelingen, wo ein neues, vielleicht sogar das eigentliche Verständnis von Wallfahrt sich durchsetzen kann: Wir sind Gottes geliebte Kinder, von ihm umsorgt und begleitet – unabhängig von aller

---

5   R. Berger, S.539.

Leistung. Wenn das Beten, Singen und in Gemeinschaft Unterwegs-Sein uns Menschenkinder erfreut, dann freut es sicherlich auch den lieben Gott.

Sinn gebendes Motiv aller Wallfahrten sollte deshalb sein, im eigenen Tun spüren zu wollen: Menschen, die auf Gott vertrauen, bilden eine Gemeinschaft. Niemand ist auf seinem Lebensweg allein unterwegs. Und Gott geht alle Wege mit. Das ist schön, das macht stark, das gibt Halt, das weckt Freude. Und wo Freude ist, kann das Lachen nicht fehlen.

2. Rücksicht auf die kindlichen Psyche

Erwachsene, die einen neuen Zugang zur Wallfahrt suchen, sehen deren Attraktivität meist darin, dass diese eine Auszeit vom Alltag darstellt. Im geschäftigen Getriebe, dem lauten Durcheinander, dem Stress, ständig Neues ausprobieren und produzieren zu müssen, haben alte und wohlbekannte Texte und Rituale, das gleichmäßige Gehen eines langen Weges und die Geborgenheit in einer Gruppe, die keine Rivalität, sondern nur ein gemeinsames Ziel kennt, etwas ungemein Entlastendes. Alle Anspannung fällt ab. Ruhe zieht ein ins reizüberflutete Herz.

Auf Kinderherzen ist das aber nur bedingt übertragbar. Sicher brauchen auch Kinder Ruhe und Entspannung. Mehr als Erwachsene brauchen sie jedoch Abwechslung: Leises und Lautes, Stillhalten und Aktion, Zuhören und Reden, Gehen und Verweilen – alles im rechten Maß, ohne dass Monotonie eintritt oder zu viel Aktivität zum Durcheinander führt. Nur die richtige Mischung garantiert den Erfolg. Diese Mischung täte zwar Erwachsenen genauso gut, doch sie sind belastbarer und haben ihre Gefühle besser im Griff als Kinder. Deshalb müssen Kinder- und Familienwallfahrten zwangsläufig anders aufgebaut sein als herkömmliche. Spiel und Spaß dürfen nicht zu kurz kommen. Traditionelle Elemente, ja selbst das Rosenkranzgebet und die Litanei können enthalten sein, aber in stark verkürzter und vereinfachter Form. Verwendete Texte und Gebete sollten so formuliert sein, dass auch Jüngere sie verstehen. Und was sie verstehen, darf nicht verstören. Dies gilt vor allem bei Geschichten über Heilige. So manche Legende beinhaltet Grausamkeiten, die selbst Erwachsene blass werden lassen. Dann muss man behutsam Worte wählen, die die Tatsachen zwar nicht leugnen, doch Details aussparen (siehe die Legende der Hl. Margarethe im Praxisbeispiel „Mit Margarethe den Drachen zähmen").

Eine wichtige Rolle bei der kindgerechten Gestaltung haben Symbole mit klar festgelegter Bedeutung, denn sie lassen theoretische Inhalte anschaulich werden und tragen dazu bei, die religiöse Überzeugung zu intensivieren[6]. Kinder entwickeln ab einem Alter von zwei Jahren allmählich die Fähigkeit, Reales von nur Vorgestelltem zu unterscheiden, mit ca. drei bis vier Jahren verfügen sie bereits über ein so gutes Abstraktionsvermögen, dass anschauliche Symbole gedanklich mit den gesprochenen Inhalten verknüpft werden können (z. B. ein Kreuz, das an die Anwesenheit Jesu erinnert, ein rotes Herz, das für die Liebesfähigkeit des Menschen steht, ein Drache, der als exemplarische Figur menschliche Ängste repräsentiert ...) und ihre sichtbare Anwesenheit das gesprochene Wort verstärken. Deshalb sollte man nicht zögern, Plüschtiere, Bausteine, Handpuppen und andere Teile aus der Spielzeugkiste in die Wallfahrt zu integrieren, wenn durch diese Gegenstände die jeweils im Vordergrund stehende Glaubensbotschaft symbolisch verstärkt werden kann. Denn die Fähigkeit zu abstrahieren ermöglicht einem Kind bis zu sieben Jahren zwar, „mit Hilfe der sprachlichen Symbole zu denken, doch es kann nur mit Begriffen und Denkvorgängen arbeiten, die anschaulich sind."[7]

---

6   Vgl. B. Grom, S.255 ff.; der Religionspsychologe und –pädagoge Grom betont nachdrücklich die Kraft der Symbole und die Wichtigkeit des Einübens von Symbolerleben, welches von den verschiedensten Religionen praktiziert wird.

7   Zur Symbolentwicklung des Kindes vgl. M. Renner, S. 74; der Pädagoge Renner unterscheidet die Phase der Symbolentwicklung im Alter von zwei bis vier Jahren von der Phase der Entwicklung des anschaulichen Denkens im Alter von vier bis sieben Jahren.

Wenn die Zeit fehlt, um ein großes Wallfahrerkreuz zu bauen, können andere Symbole für den mitgehenden Christus stehen

Wer sich das Basteln von Stabpuppen ersparen will, kann auch Handpuppen einsetzen. Die Anschaffung ist teuer, lohnt sich in Pfarreien mit regelmäßigen Kinder- und Familiengottesdiensten aber auf jeden Fall.

Ein großes Tuch, z. B. ein altes Bettlaken, wird zur mobilen Bühne.

3. Kinder- und Familienwallfahrten als Freizeitangebot mit Konkurrenz

In Zeiten zunehmender Mobilität der Familien und einer schier unüberschaubaren Palette von familientauglichen Freizeitangeboten ist eine Kinder- oder Familienwallfahrt zunächst einmal ein Angebot unter vielen, das – gerade wenn es neu eingeführt werden soll – nicht die großen Massen in Bewegung bringen wird. Doch gibt es durchaus gerade junge Eltern, die genau ein solches Angebot für ihre Familie suchen. Für sie steht nicht die Unterhaltung im Vordergrund, sondern der Sinn des Angebots. Sie fragen danach, ob ihr familiäres Glaubensleben durch eine Teilnahme bereichert werden kann und einen emotionalen Zugewinn verspricht, oder ob dadurch eine zusätzliche Belastung zu erwarten ist. Haben sie sich einmal darauf eingelassen und die Unternehmung genossen, werden sie vielleicht beim nächsten Mal wiederkommen und andere, denen sie begeistert erzählt hatten, mitbringen.

Warum Motto und Ziel leicht zu finden sind

Neben der rechten Gesinnung spielen die Eingängigkeit des Mottos und die Attraktivität des Ziels eine wichtige Rolle, wenn die Veranstaltung ansprechend sein soll. Erfahrungsgemäß ergibt sich das Motto oft von allein, sobald das Ziel feststeht. Doch die Wallfahrt muss keineswegs an einem überlaufenen Gnadenort enden. Weniger bekannte heilige Stätten haben manchmal gerade deshalb einen besonderen Reiz, weil kein Andrang von Pilgergruppen zu erwarten ist.

1. Besondere Lokaltraditionen im Jahreskreis

Im Laufe eines Kirchenjahres gibt es in jeder Gegend traditionelle kirchliche Veranstaltungen, die entweder bereits als Wallfahrt konzipiert sind oder zu einer solchen ausgebaut werden können: Eine Marienkapelle im Wald, bei der in jedem Frühjahr Maiandacht gefeiert wird, eine Flurprozession zu einem bestimmten Feldkreuz, ein Bittgang zu einer Nachbargemeinde – warum nicht einmal Kinder oder junge Familien dazu einladen? Doch sollte der etablierten Teilnehmerschar klar sein, dass Ablauf, Inhalte und Methoden auf die Eingeladenen abgestimmt werden müssen und deshalb vielleicht einiges anders abläuft als gewohnt.

2. Filialkirchen und deren Patrone

Viele Kirchen sind nicht eigenständig, sondern Filialen einer größeren Pfarrei. Auf dem Hintergrund des aktuellen Priestermangels werden immer mehr Einzelpfarreien in deutschen Diözesen zu Pfarreiengemeinschaften oder Pfarrverbänden zusammengeschlossen. Dadurch rutschen ehemalige Pfarrkirchen oft in die Position von Filialen, in denen nicht mehr regelmäßig Gottesdienste gefeiert werden. Eine Kinder- oder Familienwallfahrt zu einer Filialkirche stärkt auf sinnvolle Art die Anbindung an die Hauptpfarrei. Bisweilen bietet sich an, den Patron / die Patronin der Filialkirche in das Motto der Wallfahrt einzubeziehen (siehe Praxismodell 5 „Mit Margarethe den Drachen zähmen"). Dazu wird ein wesentlicher Aspekt aus der Vita des oder der Heiligen herausgegriffen, der sich zum Transfer eignet.

3. Sternwallfahrten

Eine weitere Möglichkeit, Gläubige in größeren Räumen Gemeinschaft erleben zu lassen, ist die Sternwallfahrt, bei der an mehreren Punkten gestartet wird, alle Wege aber zum selben Ziel führen. Dieses muss sinnvollerweise Platz und Einrichtungen bieten für den Aufenthalt einer größeren Menschenmenge. Einer dieser Wallfahrtswege kann ausdrücklich für Kinder und Familien angeboten werden. Z. B. kann auf diese Weise ein ganzes Dekanat wallfahrend unterwegs sein und sich am Ziel zu einer großen Gemeinschaft zusammenfinden (siehe Praxismodelle 1 bis 4).

4. Verborgene „heilige Orte"

Manchmal lassen sich Ziele entdecken, die die Qualität eines verborgenen Schatzes haben, z. B. eine kleine Hauskapelle auf einem entlegenen Bauernhof oder ein tief im Wald verborgenes Kreuz.

*Bei unserer Dekanatswallfahrt stoßen die Familien mit jüngeren Kindern meist
erst bei der Gabenbereitung zum Hauptgottesdienst dazu. Die Gegenstände und
Figuren, die auf der Familienwallfahrt wichtige Rollen spielten, werden auf der
Wiese vor dem Freilichtaltar abgelegt.*

Zum „heiligen Ort" wird eine Lokalität nicht dadurch, dass sie von
vielen Gläubigen frequentiert wird, sondern weil Menschen dort
in besonderer Weise spüren, dass Gott ihnen nahe ist. Für christliche Wallfahrten versteht sich jedoch von selbst, dass an einem
„heiligen Ort" auch ein christliches Symbol vorzufinden sein muss
und nicht etwa nur ein außergewöhnlich geformter Stein. Schließlich ist die Gefahr groß, animistisches Denken anzuregen. Gemeint
ist damit die Vorstellung, dass alles, was wir in der Natur vorfin-
den, beseelt ist. Sie spiegelt eine Weltsicht, welche schon die alten
Germanen Felsen und Bäume als Sitz von Göttern verehren ließ.
Für Kinder, die dem magischen Denken[8] noch sehr verhaftet sind,
muss der Christusbezug des Ortes eindeutig sein, damit nicht
Aberglaube gefördert wird.

---

8   Zum magischen Weltbild jüngerer Kinder siehe M. Renner, S. 74.

5. Vom Ziel zum Motto

Sicher reicht für das erste Grobkonzept eine Überschrift, die einfach nur das Ziel angibt, z. B. „Familienwallfahrt zur Soundso-Kapelle". Um für die Veranstaltung zu werben, ist es aber besser, wenn ein eingängiges, kurzes Motto schon ein bisschen über die Intention der Veranstalter verrät und neugierig macht: „Mit Groß und Klein unterwegs zu Maria", „ Singend, betend, spielend von A-Dorf nach B-Dorf", „Eine Wallfahrt, die ist lustig – Mit Groß und Klein unterwegs zum Soundso-Kirchlein", „Zu Besuch bei der Heiligen N."...

Warum das Miteinander eine klare Ordnung braucht

Bevor man zu einem konkreten Wallfahrtsziel aufbricht, sollte man sich auch Gedanken machen, wer das Sagen hat, und in welcher Formation man den Weg zurücklegen will, denn automatisch bildet sich selten eine sinnvolle Marschordnung heraus. Sonst besteht die Gefahr, dass sich anstelle des ritualisierten Gehens ein lockerer Spaziergang entwickelt.

1. Die Rolle der Leitung

Wo immer Menschengruppen unterwegs sind, ist es angebracht, von Anfang an klarzustellen, wer die Leitung übernimmt. Bei christlichen Wallfahrten wird dies in der Regel jemand aus dem Seelsorgeteam einer Pfarrei sein oder eine andere Person mit Ausbildung zu einem Seelsorgeberuf. Zwingend notwendig ist dies jedoch nicht. Gerade bei Kinder- und Familienwallfahrten können auch Mitglieder aus dem Kindergottesdienstkreis oder Christen mit pädagogischer Ausbildung problemlos diese Rolle übernehmen. Schwierig wird es immer dann, wenn die Kompetenzen nicht hinreichend geklärt sind, wenn also beispielsweise ein Team von Müttern aus der Pfarrei die Planung übernehmen soll, der Pfarrer aber die Wallfahrt leitet und bei der Durchführung willkürliche Änderungen im Ablauf vornimmt. Umgekehrt kann es passieren, dass ein Team ohne seelsorgliche Begleitung etwas vorbereitet, das aus theologischen Gründen für den Pfarrer nicht durchführbar ist. Da hilft nur eins: vorher offen und ausführlich miteinander reden! In Zeiten, in denen das Schlagwort von der kooperativen Pastoral mit konkreten Inhalten gefüllt werden muss, gilt es zu lernen, dass Kooperation ohne Kommunikation nicht funktioniert.

Teilt sich ein Team die Leitung, muss abgesprochen werden, wer welche Aufgaben übernimmt. Wenn die Zuständigkeiten eindeutig geregelt sind, ist diese Form von Arbeitsteilung sehr zu empfehlen, da die Last der Verantwortung sich auf mehrere Schultern verteilt.

2. Regeln bringt Segen

Und wer geht wo im Wallfahrerzug? Ein Kreuz vorneweg sollte auf keinen Fall fehlen. Je einfacher es konstruiert ist (z. B. zwei gekreuzte Äste, am Kreuzungspunkt mit Schnur verbunden und einigen Buchszweiglein geschmückt), desto besser ist es geeignet, weil man es dann problemlos in Kinderhände geben kann. Auch Kerzen mit Windfangbechern können, das Kreuz flankierend, mitgetragen werden. Das kostbare Vortragskreuz aus der Pfarrkirche und die Silberleuchter mit den Glasaufsätzen mitzunehmen, ist höchst riskant. Lässt man sie von Kindern tragen und wird dabei etwas beschädigt, zahlt keine Versicherung, da ein möglicher Schaden absehbar war und offensichtlich billigend in Kauf genommen wurde. Nur Erwachsenen oder ausgebildeten Messdienern dürften die Kostbarkeiten anvertraut werden. Schade, denn Kinder übernehmen solche Aufgaben sehr gern. Deshalb besser robuste Utensilien von geringem Wert wählen! Außerdem vorher schon überlegen, wer für die Aufgabe geeignet ist und wie durchgewechselt werden kann (z. B. die Buben ab der dritten Klasse übernehmen das Kreuz, die Mädchen die Kerzen; Wechsel bei jeder Station)!

Die übrige Reihenfolge ist variabel. Einteilungen nach dem Schema „Buben rechts, Mädchen links" funktionieren meistens nicht, da Kinder in der Regel automatisch nach Geschlechtern getrennt im Block gehen, vor allem, wenn sie sich bereits kennen. Auch mit den Eltern gehen zu müssen, kann spätestens ab dem Schulalter peinlich sein. Erwachsene lieber am Rand der Blöcke platzieren, nicht mittendrin! So können sie, wenn nötig, eingreifen, werden aber nicht als störend empfunden.

Neben Kreuz- und Kerzenträgern sollten diejenigen möglichst vorne im Zug mitgehen, welche die bei der nächsten Station benötigten Gegenstände mittragen.

Den Schluss bilden immer ein bis zwei Aufsichtspersonen – auch wenn Eltern mit dabei sind. Man kann nicht automatisch erwarten, dass Eltern sich auch um fremde Kinder kümmern, wenn diese zurückbleiben, sich verletzen oder sich daneben benehmen.

Es ist interessant zu beobachten, dass Kinder sich oft leichter an eine Marsch- oder Gebetsordnung halten als Erwachsene, weil sie von Kindergarten und Schule an klare Regeln beim Unterwegs-Sein gewöhnt sind. Erwachsene dagegen glauben manchmal, den Regeln entwachsen zu sein. Da kann es passieren, dass zwei Mütter halblaut vereinbaren, wer am nächsten Tag die Kinder von der Musikschule abholt, während die übrige Gruppe ein Wechselgebet spricht.

Um die Peinlichkeit des Intervenierens durch eine Aufsichtsperson zu vermeiden, auf alle Fälle zu Beginn die Regeln bekannt geben! Bei längeren Wegstrecken ist es angebracht, Abschnitte zum Unterhalten „freizugeben", worauf man im Voraus hinweisen sollte. Dann ist klar: Mal wird eine strenge, mal eine lockere Ordnung herrschen, auf alle Fälle aber wird es immer durchdachte, sinnvolle Regeln geben, an die sich alle zu halten haben.

3. Die Pflicht zur Aufsicht

Besondere Vorsicht ist geboten, wenn man eine Wallfahrt nur für Kinder plant: Ein Beispiel:„Eingeladen sind alle zukünftigen Erstkommunionkinder und deren Geschwister im Grundschulalter". Will man wirklich nur oder hauptsächlich Kinder dabei haben, gilt der Grundsatz, dass für jeweils zehn Kinder eine Aufsichtsperson eingeplant werden muss. Es empfiehlt sich in diesem Fall, mit Anmeldung zu arbeiten und die Kinder ganz konkret einer Aufsichtsperson zuzuweisen. Auf dem Anmeldezettel müssen die Erziehungsberechtigten eine Telefonnummer angeben, unter der sie oder eine Person ihres Vertrauens notfalls zu erreichen sind. Auch Allergien oder die Einnahme eines bestimmten Medikaments sollten auf diesem Zettel vermerkt werden. Beginn und Ende mit eindeutigem Start und Ziel müssen den Erziehungsberechtigten bekannt sein. Trotzdem endet die Aufsichtspflicht erst, wenn das Kind einem Erziehungsberechtigten oder einer anderen Aufsichtsperson (z. B. der Oma) übergeben wird. Niemals am Ende der Veranstaltung Kinder allein warten lassen, selbst wenn die Kinder versichern, dass sie bald abgeholt werden! Wenn Kinder unter 12 Jahren alleine nach Hause gehen sollen, lassen Sie sich das am besten schriftlich geben!

4. Sicher durch Versicherung

Ehrenamtliche Mitarbeiter von Pfarreien sind in der Regel über diözesane Sammelverträge haftpflichtversichert, allerdings erst ab Veranstaltungsbeginn, nicht auf dem Weg dorthin bzw. auf dem Weg von dort weg.

Bei Unfällen zahlen die Krankenkassen. Folgeschäden werden jedoch nur finanziell aufgefangen, wenn man privat eine Unfallversicherung abgeschlossen hat.

Konkrete Planung

Warum nicht einfach „Alle" herzlich eingeladen sind

„Alle sind herzlich eingeladen zur Familienwallfahrt nach A-Dorf". So steht es zumindest auf der Gottesdienstordnung. Aber wirklich „Alle"? Auch die Meiers mit dem gehbehinderten Opa? Und die Schmids, wo doch die Mama im Rollstuhl sitzt? Und die Eltern mit den 16-jährigen Zwillingen? Und das Pärchen mit dem Säugling im Kinderwagen? Sie alle sind Familie!

Nehmen wir an, der Weg wird durch den Wald führen, 3 km lang. An einer Station ist ein Kreisspiel geplant. Die Lieder stammen aus dem Kindergesangbuch. Im abschließenden Gottesdienst werden Handpuppen eingesetzt. Wie sinnvoll also ist es, „Alle" einzuladen? Aus der Einladung muss hervorgehen, für wen diese Veranstaltung geplant ist, wer sich durch die verwendeten Medien und Methoden angesprochen fühlen kann und wer überhaupt eine Chance hat, das Ziel zu erreichen.

Sonst merkt mancher zu spät, dass er auf der falschen Veranstaltung ist.

1. Definieren der Zielgruppe

Der allererste Schritt bei der konkreten Planung muss also sein, sich darüber klar zu werden, für wen man eine Wallfahrt anbieten will. Wer soll mitkommen? Ganze Familien vom Baby bis zum Opa? Dann muss aber auch für jedes Alter etwas im Programm sein, ohne dass es den Jüngsten zu viel wird. Oder nur Kinder? Wenn letzteres, dann in welcher Altersgruppe und mit oder ohne Begleitpersonen?

Gerade wenn ein Team die Vorbereitung übernimmt, muss jedes Team-Mitglied vor dem inneren Auge ein ähnliches Bild von der Zielgruppe haben, für die man gemeinsam aus der Fülle an Möglichkeiten auswählt. Also gilt es, eindeutig zu definieren, für welchen Personenkreis die Wallfahrt konzipiert ist.

Handpuppen können auch von Kindern geführt werden.

2. Abschätzen der Kapazitäten

Genauso wichtig wie das Festlegen der Zielgruppe ist die Bildung des Vorbereitungsteams und das Erfassen des Helferkreises.

Das Vorbereitungsteam übernimmt hauptsächlich Planung, Organisation und Durchführung, weshalb es sich im Vorfeld mehrmals treffen muss.

Der Helferkreis ist weiter gefasst. Die einzelnen Mitglieder übernehmen konkrete Teilaufgaben, müssen aber nicht zu den Teamtreffen kommen. Meist reicht es, sie telefonisch oder per Mail zu instruieren. Wird allerdings eine sehr große Veranstaltung geplant, sollten sich kurz vor der Veranstaltung alle einmal treffen, damit sie einander wenigstens vom Sehen kennen.

Am besten legt man bereits zu Beginn der Planung eine Liste mit Namen, Telefonnummern und gegebenenfalls Mail-Adressen an, bevor man erst viel Zeit investiert und am Ende feststellt, dass zu Wenige bereit sind, mitzuhelfen. Eine Familienwallfahrt allein zu organisieren, sollte man sich dreimal überlegen, denn das wird unweigerlich in Stress ausarten. Und eine Kinderwallfahrt ist in diesem Fall sowieso wegen der fehlenden Aufsichtspersonen nur möglich, wenn die Kinder von Erwachsenen begleitet werden. Selbst bei geringer Teilnehmerzahl gilt: Wer die Wallfahrt leitet, kann nicht gleichzeitig beaufsichtigen, weil dessen oder deren Kapazitäten bereits anderweitig gebunden sind.

Wer zum ersten Mal eine Kinder- oder Familienwallfahrt durchführt, muss das Risiko in Kauf nehmen, dass die Teilnehmerzahl enttäuschend gering, aber auch erschreckend hoch sein kann. Will man sicher gehen, dass zumindest hier keine extremen Überraschungen drohen, sollte man um Anmeldung bis eine Woche vor der Veranstaltung bitten. Dann kann man sich notfalls noch um weitere Helfer/innen bemühen oder rechtzeitig absagen.

Wenn bereits abzusehen ist, dass das Vorbereitungsteam und der Helferkreis klein sein werden, empfiehlt es sich, die Zielgruppe stark einzuschränken, also zum Beispiel nicht alle Familien mit Kindern im Kindergarten- und Grundschulalter einzuladen, sondern eine Altersgrenze nach oben oder unten zu setzen.

3. Ökumenisch – ja oder nein? Chancen und Schwierigkeiten

Mögen die hochrangigen Vertreter der christlichen Kirchen in ihren ökumenischen Bemühungen auch auf der Stelle treten, in der Kinder- und Familienpastoral klappt die ökumenische Zusammenarbeit vielerorts hervorragend. Deshalb kann man auch eine ökumenische Kinder- oder Familienwallfahrt ins Auge fassen, wenn sich die Angehörigen der verschiedenen Konfessionen darüber im Klaren sind: Bevor man einen Weg miteinander gehen kann, braucht es einen für beide Seiten gangbaren Weg zueinander.

Um nach einem solchen zu suchen, sind einige Vorkenntnisse notwendig: Der Grund, weshalb die Reformatoren die Wallfahrt ablehnten, war, dass sie diese als höchst negativen Ausdruck der „Werkgerechtigkeit" auf katholischer Seite beobachten konnten[9]. Der katholische Wallfahrer verstand die Anstrengung auf dem Weg in der Regel als Bußleistung zum Abbau von Schuld oder als Ableistung eines Gelübdes, das Bestandteil eines Handels mit Gott war[10]. Dies stand im krassen Gegensatz zur protestantischen Lehre über das Heil, welches Gott dem Menschen allein aus Gnade zukommen lässt[11]. Glücklicherweise hat die Katholische Kirche hier bereits entscheidende Schritte in Richtung protestantischer Position unternommen. Während auch katholische Wallfahrer/innen dank des gewandelten Gottesbildes durchaus frohgemut und ohne Leistungsdenken mit Gott und Glaubensgeschwistern unterwegs sein können, wächst in evangelischen Kreisen die Offenheit dafür, das Wallfahren, sofern die Gesinnung stimmt, als Bereicherung der eigenen Glaubenspraxis entdecken zu wollen. Zwar kennt der Protestantismus keine Verehrung heiliger Orte, pflegt aber durchaus heilige Erinnerungen. Warum also nicht sich in einer Gemeinschaft von gläubigen Menschen auf den Weg machen zu Orten, die Erinnerungen an Jesus wecken und an Menschen, deren Leben durch den Glauben eine besondere Prägung mit Vorbildcharakter bekam. Auch mit vielen Heiligen hat man seitens der Protestanten kaum noch Probleme, vor allem im Bereich der Kin-

---

9 Vgl. Norbert Weidinger in: E. Biser u.a., S. 512.
10 Vgl. K. Schäfer, S.9.
11 Vgl Otto König in: E. Biser, u.a., S. 170 f.

derpastoral. Die Ablehnung der ausgeprägten Heiligenverehrung, wie die katholische Kirche sie praktiziert, schließt nicht aus, „dass bedeutende Gestalten der Frömmigkeitsgeschichte als Vorbild echten christlichen Lebens anerkannt und beachtet werden"[12]. Auch Kindergärten in evangelischer Trägerschaft halten mittlerweile Martinszüge ab, allerdings mit dem Unterschied zum katholischen Pendant, dass dort kein Gebet unter Bezug auf die Fürbitte des Heiligen gesprochen wird. Seit einigen Jahren ist im Internet sogar ein Ökumenisches Heiligenlexikon zu finden, dessen Verfasser, Joachim Schäfer, evangelischer Pfarrer ist[13].

Mit ein bisschen Feingefühl und Rücksichtnahme – vor allem, wenn das Team erstmals ökumenisch arbeitet – , können aus der Fülle an religionspädagogischen Möglichkeiten sicher Inhalte und Methoden ausgewählt werden, die eine Wallfahrt zu einem schönen Erlebnis in ökumenischer Eintracht werden lassen. Den Rosenkranz und das Weihwasser daheim zu lassen, sollte den katholischen Teilnehmern nicht schwer fallen, wenn die evangelische Seite dafür mitreißendes neues Liedgut und Gebete mit zeitgemäßen Formulierungen beisteuert.

Einem ökumenischen Team, das schon öfter religiöse Angebote für Kinder oder Familien erarbeitet hat (z. B. Bibeltage, Familiengottesdienste, Schulfeiern ...), wird auch die Durchführung einer ökumenischen Wallfahrt gelingen.

4. Der passende Termin

Und wann soll die Wallfahrt stattfinden? Diese Frage zu klären, ist meist nicht einfach, weil heutzutage fast jede Familie einen gut gefüllten Kalender verwalten muss. Deshalb ist es ratsam, bereits am Beginn der Planungsphase einen eher langfristigen Termin festzulegen (ca. drei Monate im voraus) und per Vorankündigung bekannt zu geben, damit interessierte Familien die Chance haben, sich den Termin freizuhalten.

---

12 Peter Ebenbauer in E. Biser u.a., S. 190.
13 Siehe Ökumenisches Heiligenlexikon unter: www.heiligenlexikon.de.

Grundsätzlich gilt: Es gibt keine Jahreszeit, in der Wallfahrten nicht durchführbar sind. Bei entsprechender Ausrüstung braucht man nicht einmal Eis und Schnee zu fürchten – vorausgesetzt, Weg und Ziel eignen sich für eine Winterwallfahrt. Hauptsache, möglichst viele Helfer/innen und Teilnehmer/innen können den Termin wahrnehmen.

5. Rahmenbedingungen als einschränkende Faktoren

Manchmal gibt das Gelände vor, welcher Zeitraum gewählt werden sollte, zum Beispiel, wenn der letzte Kilometer zum angestrebten Ziel auf einem Weg liegt, der im Winter weder geräumt noch gestreut wird und steil nach oben führt. Oder wenn bei Herbst- oder Frühjahrsstürmen herunterfallende Äste eine Gefahr darstellen. Dann ist logischerweise ein Sommertermin angesagt. Wenn über eine weite Strecke kein Schatten spendender Baum steht, kann Herbst oder Frühjahr dagegen die richtige Zeit im Jahr sein. Ist das Ziel jedoch ein beheizbares Kirchlein, das über eine vom Winterdienst gut versorgte Zufahrt verfügt, kann eine Wallfahrt durch eine idyllische Winterlandschaft wunderschön sein.

Ein anderes Mal kann das Gelände die Auswahl der Zielgruppe beeinflussen, zum Beispiel, wenn der Weg längere Zeit an einem Abhang oder Bachlauf vorbeiführt, wo kleinere Kinder immer an der Hand eines Erwachsenen gehen müssten, um nicht in Gefahr zu sein.

Ist es unvermeidlich, eine stark befahrene Straße zu kreuzen, kann dies sogar ein Grund sein, ein anderes Ziel zu wählen, damit kein Schutzengel vor allzu große Herausforderungen gestellt wird. Andernfalls muss man die örtliche Feuerwehr bitten, kurzzeitig die Straße zu sperren.

Warum nicht alle Wege nach Rom führen

Wo starten wir? Wo liegt unser Ziel? Und welchen Weg nehmen wir? Ganz alltägliche Fragen, die wir uns automatisch immer stellen, wenn wir von A nach B wollen. Je größer und jünger die Personengruppe ist, für die wir auf diesem Weg Verantwortung übernehmen, desto wichtiger ist es, die Antwort auf diese Fragen gut zu überlegen.

1. Start und Ziel

Der erste Eindruck entscheidet oft. Das ist allgemein bekannt. Deshalb sollte die Wallfahrt an einer Stelle starten, an welcher Kinder bzw. Familien sich wohl fühlen können und welche Platz für ein Eröffnungsritual bietet. Dasselbe gilt für den Zielstandpunkt. Für den Start und das Ziel sind genaue Ortskenntnisse unbedingt nötig. Feste Regeln gibt es dafür nicht, folgende Fragen helfen bei der Planung:

Sind genügend Parkmöglichkeiten vorhanden? Wie viele Erwachsene, Kinder, Kinderwagen, Fahrräder haben Platz? Kann man bei schlechtem Wetter auf Gebäude, Unterstellmöglichkeiten ausweichen? Wo genau können die Personen je nach Anzahl stehen? Ist Platz für ein Begrüßungsritual im Kreis mit den Kindern in der Mitte? Soll die Wallfahrt im Freien oder in einer Kirche beginnen bzw. enden? Findet z. B. abschließend noch ein Wortgottesdienst statt und wenn ja, wo? Es sollte im Vorfeld auch genau bedacht werden, wie viel Zeit man für Start und Ziel einplanen möchte. Sinnvollerweise sollten diese Zeiten je nach Größe der Gruppe, abhängig vom Wetter und zum Gelingen einer entspannten Atmosphäre flexibel gestaltet werden. Selbstverständlich müssen die Organisatoren mindestens eine Viertelstunde vor Beginn der Veranstaltung vor Ort sein, um die ankommenden Teilnehmer zu empfangen. Diese Überlegungen sollten erfahrungsgemäß in die Planung einbezogen werden: Kennen sich die Teilnehmer (Kinder, Familien ...) bereits, und sind überwiegend Kleinkinder, Schulkinder mit Eltern, Großeltern etc. dabei? Ist die Gruppe vom Alter her homogen oder bunt zusammengewürfelt? Wie viel Zeit kann und soll für ein Ankommen, Verabschieden, ein Eröffnungs- und Schlussritual, die eigentliche Aufstellungsanordnung zum Losmarschieren, die Verteilung der mitzutragenden Materialien investiert werden? Wird am Ende noch eine Aktion wie z. B. Spiele für Kinder und Kaffee/Tee und Kuchen für alle Beteiligten angeboten? Wer übernimmt diese Aktion und die Bewirtung? Wer transportiert alle Materialien und eventuell Sitzgelegenheiten? Wer geht am Anfang mit dem Kreuz und welche Erwachsene aus dem Vorbereitungsteam begleiten die Wallfahrergruppe verantwortlich an der Spitze und am Ende? Mit welcher Aktion (inklusiv Begrüßung und Verabschiedung) beginnen bzw. beenden wir die Wallfahrt? Welche Methoden, Gebetsformen, Rituale eignen sich für einen feierlichen Beginn und Ausklang einer solchen Wallfahrt?

2. Nur bekannte Wege sind gute Wege

Was für Start -und Zielpunkt gilt, trifft selbstverständlich auch für den Weg zu. Darüber hinaus gilt es noch einiges zu beachten: Wer eine Wallfahrt dieser Art organisiert, muss die Wegbeschaffenheit genau kennen. Im Blick auf kleinere Kinder sollte der Rahmen weder zeitlich noch räumlich zu weit gesteckt werden, da es sich nicht um eine Sportveranstaltung handelt. Bewährt hat sich ein Zeitrahmen von maximal zwei Stunden, wobei die Wegstrecke natürlich abhängig vom Gelände, der Anzahl der angebotenen Stationen und der Jahreszeit bzw. den aktuellen Wetterverhältnissen sein wird. Bei etwaiger zeitlicher Verzögerung der Veranstaltung oder bei sehr schlechtem Wetter plant man im voraus Alternativen zur Abkürzung ein. Wenn manche Teilnehmer z. B. nur zum Wortgottesdienst am Schluss der Wallfahrt kommen können, hilft es ihnen, wenn auf den Plakaten Ort und Beginn des Gottesdienstes extra vermerkt sind (siehe Kapitel „Warum gute Werbung eine Kunst ist").

3. Stationen als Gliederungshilfen

Bei der Planung erweisen sich Stationen als hilfreiche Gliederungseinheiten. Sie können willkürlich gewählt und dem Gelände oder der Thematik angepasst werden. Befinden sich z. B. Wegkreuze, Heiligenstatuen oder Gedenkstätten auf dem Weg, die man gut einbeziehen kann? Gibt es z. B. Brücken, Gewässer, Kreuzungen, Wiesen, die genügend Platz für alle Teilnehmer bieten? Sinnvoll ist es, wenn die Stationen zu entsprechenden Bibelstellen, Gebeten, Geschichten passen und in entsprechender Anzahl ausgewählt werden. Zwei bis drei Stationen zusätzlich zu den Anfangs -und Zielstationen reichen aus.

Warum der „rote Faden" den Weg zu den Herzen weist

Bei einer Wallfahrt brauchen nicht nur die Füße ein eindeutiges Ziel. Auch Herz und Verstand freuen sich, wenn ihnen klar ist, wo die Wallfahrt hinführen soll. Der sprichwörtliche „rote Faden", der auf dem gemeinsamen Weg Orientierung gibt, muss unbedingt erkennbar sein. Ihn auszulegen, ist leicht, wenn man bei der Planung einige Grundsätze beachtet.

1. Keine Qual bei der Themenwahl: Ideensammlung durch Mind-Mapping

Erfahrungsgemäß kommen den Mitgliedern der Vorbereitungsgruppe bei ihren ersten Überlegungen viele unterschiedliche Ideen in den Sinn. Das Mind-Map, eine übersichtliche „Gedankenkarte", bietet sich als ideales Werkzeug an, um der Planung von Anfang an eine Struktur zu geben. Dabei werden ganz unkompliziert auf einem großen Bogen Papier die Ideen gesammelt, sobald Start, Ziel und Thema feststehen. Die Gedanken werden nicht wie üblich nacheinander aufgeschrieben, sondern rund um das in der Mitte des Blattes stehende Hauptthema gruppiert, indem sie Oberbegriffen zugeordnet werden, welche vorgegeben sind und später auch den endgültigen Ablaufplan strukturieren. Jeder Gedanke gehört in eine eigene Zeile. So entsteht eine Karte mit allen in der Gruppe geäußerten Gedanken.

Damit Vorschläge, die keinem der vorgegebenen Oberbegriffe zuzuordnen sind, mit einfließen können, darf der Oberbegriff „Sonstiges" nicht fehlen. Die unter diesem Punkt gesammelten Details, werden in einer späteren Planungsphase entweder ins Konzept eingefügt oder fallen gelassen. Doch Vorsicht! Wenn eine Idee ganz und gar nicht dazupassen will und deshalb mit keinem Oberbegriff verbunden werden kann, wird sie unweigerlich den roten Faden zum Reißen bringen.

Auf Seite 37 finden Sie eine Vorlage, die Sie vergrößern oder als Inspiration für ein selbst entworfenes Mind-Map nutzen können.

Mind-Map zur Planung einer Wallfahrt
(Vorlage zum Vergrößern auf Din A3)

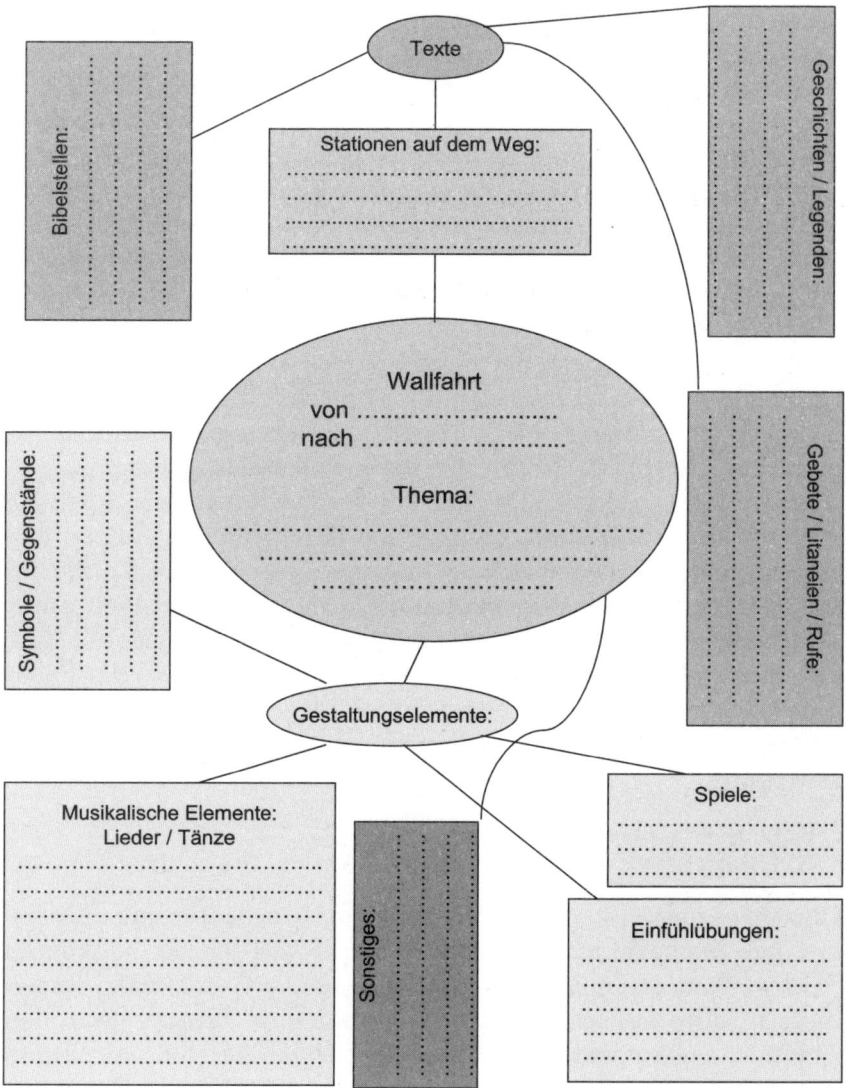

2. Gefühle, die jede/r kennt

Besonders gut können wir einem roten Faden dann folgen, wenn durch ihn ein Gefühl transportiert wird, das jeder kennt. Wir wissen alle, wie es sich anfühlt, wenn wir Angst haben. Oder wenn wir allein gelassen werden. Auch Traurigkeit, Überforderung und Erschöpfung kennt jede/r, sowie die Sehnsucht nach Freundschaft und Anerkennung und die Hoffnungslosigkeit. Aber auch das Geborgen-Sein, die Freude, die bergende Kraft des Vertrauens und das Glück von Freundschaft und Liebe. Viele Themen eignen sich dazu, ein bestimmtes Gefühl als Grundmotiv durch den ganzen Weg laufen zu lassen (Beispiele: „Von Petrus vertrauen lernen", „Fürchtet euch nicht, ich bin bei euch", „Alles wird gut, weil Gott uns liebt"). Dabei kann der rote Faden so angelegt werden, dass ein negatives Gefühl sich wandelt und schließlich vom positiven Empfinden verdrängt wird: Ängste wandeln sich in Mut, Misstrauen in Vertrauen, Verzweiflung in Zuversicht, Einsamkeit in Geborgenheit ... Dann zeigt der auf der Wallfahrt zurückgelegte Weg exemplarisch einen gelungenen Glaubensweg auf. Zu den Gefühlen, die auf der Wallfahrt angesprochen werden, kann man sich passende Empathie-Übungen überlegen (mehr dazu unter „Methodenvielfalt – Abwechslung für die Sinne"), welche helfen, sich in die jeweilige Stimmungslage einzufühlen. Dazu der Pädagoge Michael Renner: „Da es keine Gefühle außerhalb des Körpers gibt, geraten mit dem bewegten Körper auch die Emotionen in Bewegung."[14]

3. Ein bisschen Bibel muss sein

Obwohl es mittlerweile eine Vielzahl von Geschichtensammlungen auf dem Büchermarkt gibt, in denen sich zu allen nur denkbaren Stichwörtern mehr oder weniger spannende Geschichten finden lassen, sollte auf jeden Fall wenigstens eine Bibelstelle in den Ablauf eingebaut werden, denn schließlich hat die Bibel als Grundlage unseres Glaubens zu jedem Lebensthema hilfreiche Gedanken parat. Einen passenden Bibeltext auszuwählen, wird leicht fallen,

---

14 M. Renner, S. 69

wenn das Thema sowieso eine biblische Gestalt beinhaltet. Ist dies nicht der Fall, kann man eine Konkordanz zurate ziehen [15]. Dieses praktische Nachschlagewerk ist fast in jedem Pfarrhof zu finden. Es gibt sie mittlerweile auch elektronisch[16] mit Stichwort- und Textstellen-Suche. Man tippt zum Beispiel das Wort „Friede" ein und sofort werden mit genauer Stellenangabe alle Bibelverse angezeigt, die dieses Wort beinhalten. Manchmal hat man auch ein Bibelzitat im Hinterkopf, weiß aber nicht, wo es genau zu finden ist und ob der Kontext zum Thema passt. Die elektronische Konkordanz hilft bei der Suche.

Nicht selten findet man zwar eine Stelle, die inhaltlich geeignet ist, doch deren Formulierung für Kinder unverständlich ist. Dann zögern Sie bitte nicht, den Inhalt frei und kindgerecht zu erzählen. In jeder Kinderbibel geschieht nichts anderes. Natürlich können Sie zunächst einmal nachsehen, ob Sie in einer Kinderbibel fündig werden, doch diese bietet immer nur eine beschränkte Auswahl an Stellen an. Ob die von Ihnen gesuchte dabei ist, ist Glückssache. Auch ist nicht jede Kinderbibel für jede Altersstufe geeignet. Es lohnt sich jedenfalls, im Pfarrhof nachzufragen, ob dort Kinderbibeln vorhanden sind. Wenn nicht, lässt das Budget für Kinderpastoral vielleicht die Anschaffung des ein oder anderen Exemplares zu. Der Verlag Katholisches Bibelwerk bietet für jede Altersstufe Passendes an.

Auch wenn Sie eine Bibelstelle frei vortragen, ist es eine sinnvolle Zeichenhandlung, trotzdem eine Bibel mitzutragen und sie beim Erzählen an der entsprechenden Stelle aufzuschlagen. Wird eine kindgerechte Version von einem Zettel abgelesen, dann unbedingt den Zettel in die Bibel einlegen. Dadurch wird deutlich: Diese Geschichte ist nicht irgendeine, sondern göttliche Botschaft an uns Menschen.

---

15 Z.B. die broschierte Ausgabe von M. Hartmann, siehe Literaturverzeichnis im Anhang.

16 Z.B. www.bibelwerk.de; Übersetzung: Einheitsübersetzung der Heiligen Schrift.

4. Beten als Lebenshilfe

Auf einer Wallfahrt sollten wir – wie sonst auch ihm Leben – nicht nur *über* Gott reden, sondern vor allem *mit* Gott. Schließlich ist er auf unserem Weg dabei. Er wartet nur darauf, dass wir ihn vertrauensvoll mit „Du" ansprechen. Doch nicht Gott braucht unser Gebet, sondern umgekehrt: Wer betet, kommt leichter durch den Tag: „Beten und sich besinnen sind ureigenste Ausdrucksformen von Menschen. Sie sprechen den ganzen Menschen in allen Lebensbezügen an, tragen dazu bei, Höhen und Tiefen des Lebens bewusst zu durchleben und sich dabei von Gott begleitet zu wissen, fördern die Selbstwahrnehmung und die gegenseitige Wertschätzung und Achtung voreinander (...)."[17]

Gebete gehören als Wallfahrersegen an den Start und als Schlussgebet ans Ziel, sie begleiten beim Gehen und können uns beim Verweilen sammeln. An jeder Station sollten wir, bevor wir ein neues Wegstück beginnen, den ansprechen, der uns dazu einlädt.

Wo mit Gebeten gespart wird, besteht die Gefahr der Objektivierung Gottes, die ihn, den Allgegenwärtigen, in weite Ferne rückt (Beispiel: „Der liebe Gott im Himmel schaut auf uns." Nein! Besser: "Lieber Gott, du bist da, hier bei uns. Immer schaust du auf uns."). Je mehr Gebet, desto intensiver können wir seine Nähe spüren. Kindgerechte Wechselgebete, Litaneien und Gebete, zu denen Gesten ausgeführt werden, finden Sie im Anhang zu unseren Praxismodellen. Letztere haben in der Glaubenserziehung einen besonders hohen Stellenwert, denn wenn „Gebete mit Bewegungen und Gebärden verbunden sind, werden sie verinnerlicht und verstärkt, körperlich spürbar. Eine Gebärde, eine Geste kann – bewusst vollzogen – bereits selbst ein Gebet sein."[18] Oder wie es der indische Theologe Sebastian Painadath ausdrückt: „Der Leib ist der erste Ort der Gotteserfahrung."[19]

---

17 Religionspädagogische Überlegungen, DKV: Materialbrief RU Primarstufe 2/07, S.2.
18 A.a.O.
19 S.Painadath, zit. a.a.O.

Gebete, die mit Bewegung und Gebärden verbunden sind, werden von Klein und Groß ganzheitlicher wahrgenommen.

5. Es singe, wem Gesang gegeben

Nicht weniger wichtig als das Gebet ist der Gesang. Der Volksmund behauptet sogar: Gesungen ist doppelt gebetet! Zudem verbindet der gemeinsame Gesang Jung und Alt. Peter Hahnen, Referent der Deutschen Bischofskonferenz für Ministrantenpastoral und musisch-kulturelle Bildung, drückt die Vorzüge des Singens wie folgt aus: „ [...] alle bisherigen und künftigen Forschungserträge kann man dahin gehend zusammenfassen, dass das Singen den ganzen Menschen und sein Selbstbewusstsein umfassend stützt. ‚Singen ist mehr.' [...] Es schlägt Brücken zwischen Menschen, ermöglicht selbst Verknüpfung; nicht nur interpersonal, sondern auch zwischen Individuum und Tradition. [...] Dem spirituell Suchenden [...] sind Lieder klingende Brücken in das Haus des Glaubens."[20]

Geeignet sind vor allem Lieder mit unkomplizierten Texten und Melodien, am besten in Verbindung mit Bewegungen. Auf dem Weg setzt man am besten einfache Liedrufe ein, die man auswendig wiederholen kann. Kleine Kinder können sowieso nicht lesen, größere nicht während des Gehens. Und Erwachsene genießen das gemeinschaftliche Erleben auch mehr, wenn sie den Blick über die Weggefährten und die Landschaft schweifen lassen können, anstatt auf ein Textblatt fixiert zu sein. Zwischen den Liedrufen können, wenn man diese nicht einfach einige Zeit ohne Pause wiederholen will, Strophen eingeschoben sein, die eine kleine Schola eingeübt hat. Auch Gebetsrufe, von einzelnen vorgetragen, können sich mit dem Liedruf abwechseln.

Kanons sind ebenfalls gute Wegbegleiter, allerdings sollte man sie mindestens dreimal einstimmig durchsingen, bevor man sich in Gruppen aufteilt. Man sollte unbedingt darauf achten, dass sich kräftige Singstimmen auf Anfang, Mitte und Ende des Wallfahrerzuges verteilen! Gegebenenfalls einzelne Personen ansprechen und bitten, an bestimmten Stellen den Gesang zu verstärken.

Sinnvoll ist es, Liedblätter in entsprechender Anzahl für Erwachsene und größere Grundschulkinder bereitzustellen. Als sehr

---

20 Peter Hahnen in: KatBl 2007, S. 223.

hilfreich haben sich Melodie- und/oder Begleitinstrumente erwiesen, die man zum einen gut hört und zum anderen leicht während des Gehens spielen kann, wie etwa Flöte und Gitarre. Eine Person sollte die Lieder an geeigneter Stelle wie z. B. am Beginn der Veranstaltung einführen und dann während der Wallfahrt an gut platzierter Stelle mit Instrumenten begleiten oder begleiten lassen.

Auf dem Weg wird gemeinsam gesungen, gebetet, oder in Stille über die letzte Station nachgedacht. Manchmal unterhält man sich auch miteinander.

6. Vertrautes und Neues – die Mischung macht's

Jede Pfarrei, jeder Kindergarten, jede Schule verfügt in der Regel über ein gewisses Repertoire an beliebten Liedern, manchmal auch an Gebeten. Gerade wenn die Wallfahrt als liturgische Form den Kindern unbekannt ist, sollte ein hoher Anteil an bekannten Liedern und Gebeten auftauchen, bei denen sich für die Kinder das Gefühl einstellt: „Prima, das kenne ich schon. Das kann ich gut. Das mag ich gern." Den Einwand von Erwachsenen, sie könnten manchen „Schlager" nicht mehr hören, darf man getrost ignorieren, denn Kinder empfinden anders, und in diesem Fall geben sie das Maß und den Geschmack vor. Aus pädagogischer Sicht hat das Vertrautsein mit Gesängen und Bewegungen einen hohen Wert. Lieder müssen sich „setzen", auch „[...] Gebärden und Übungen sollen regelmäßig geübt und wiederholt werden, so dass sie – ohne Nachzudenken – von jedem Kind vollzogen und verinnerlicht werden können."[21]
Trotzdem sollte man nicht nur auf Bewährtes setzen, sondern auch die Lust auf Neues befriedigen. Drei bis vier neue Lieder sind gemäß unserer Erfahrung allerdings die Obergrenze. Das Einüben des neuen Repertoires kann zum Beispiel beim Sammelplatz vor Beginn der Wallfahrt erfolgen. Dann wird die Wartezeit, bis alle beisammen sind, sinnvoll genutzt, und es entsteht keine Langeweile.

7. Lernen durch Wiederholung

Nicht immer muss das, was pädagogisch wertvoll und thematisch sinnvoll ist, auch leicht zu erlernen sein. Manche Rhythmen gehen nicht sofort ins Ohr, manche Texte muss man sich erst erschließen. Doch wenn die Qualität stimmt, lohnt es sich, ein Lied, ein Gebet gemeinsam zu erarbeiten. Hat eine Melodie ihre Tücken, dann kann man sie durch häufiges Wiederholen im Gedächtnis verankern. So darf ein und dasselbe Lied ruhig mehrmals auf einer Wallfahrt angestimmt werden, z. B. als Auftakt bei jeder Station oder am Beginn des neuen Wegstücks. Strophen können nach und nach eingeführt werden. Dazu erste Strophe und Kehrvers am

---

21 DKV: Materialbrief RU Primarstufe 2/07, S.3.

Bewegungslieder machen Klein und Groß Spaß.

Sammelpunkt einüben. Die weiteren Strophen bei passender Ge-
legenheit ergänzen und dabei den neuen Text immer erst (vor)

lesen, im Bedarfsfall kurz erklären, dann singen, damit auch wirklich alles verstanden wird.

Gebete gelingen, wenn die Gruppe sich nur einen kurzen Ruf oder Zweizeiler merken muss, deren Inhalt durch Vorbeter/innen ergänzt wird. Der Wechsel zwischen Vorbeter/innen und der gesamten Gruppe beugt Monotonie vor.

Warum das Ohr auch Auge, Hand und Herz braucht

Vor allem jüngere Kinder gebrauchen zum Entdecken von Neuem aber auch zur Verinnerlichung von Sachverhalten möglichst alle Sinne. Deshalb werden sie auch nur dann motiviert sein, an der Wallfahrt mit Begeisterung mitzuwirken, wenn dabei möglichst viele Sinne angesprochen werden.

1. Methodenvielfalt – Abwechslung für die Sinne

Lotte Schenk-Danzinger führt in ihrem Buch „Entwicklungspsychologie" drei Komponenten von „motiviertem Verhalten" an: die Wertorientierung, die kognitive Komponente (als Zeitperspektive für zukünftige Chancen und frühere Erfahrungen) und die emotionale Komponente[22]. Diese entwicklungspsychologischen Erkenntnisse sollten für die Glaubensentwicklung von Kindern berücksichtigt werden. In der Altersgruppe des Kleinkindes kommen vor allem die Wertorientierung und der emotionale Bereich auch für religiöse Inhalte und Themen zum Tragen. Um möglichst alle Sinne anzusprechen und grundlegende Glaubensstrukturen anzubahnen, bedarf es einer Vielfalt von Methoden. Im Gehen kann z. B. gesungen, gebetet, etwas erfühlt oder mitgetragen werden. Die Natur, Bilder, Symbole, aber auch die anderen Teilnehmer können neu betrachtet werden. Man kann Geschichten lauschen, körperliche Zuwendung erfahren und vieles mehr. Bestimmte Methoden fördern bei jüngeren Kindern die moralische Entwicklung.

---

22 Vgl. L. Schenk-Danzinger, S. 185.

Im „Handwörterbuch für Erzieherinnen und Erzieher" empfiehlt Rainer Pousset die Schulung des Empathievermögens: „Für jüngere Kinder finden sich Möglichkeiten dazu vor allem in Geschichten, die durch Einfühlen in andere Menschen moralische Sensibilität fördern, ebenso wie konkrete sinnliche Übungen des Mitfühlens"[23].

So können z. B. eigene Angsterfahrungen der Kinder angesprochen und in Empathie-Übungen wie unterschiedlichen Körperhaltungen ausgedrückt werden. Es lassen sich die Erstarrung, die Hilflosigkeit, Lähmung, aber auch Zorn, Trotz und übersteigerter Aktionismus mit Gesicht, Armen und Beinen gut als körperlich sichtbare Ausdrücke von Angst darstellen. Diese Haltungen können einzelne Kinder vorstellen und alle anderen nachspielen. Man kann Empfindungen auch mit einfachen Instrumenten, ja dem eigenen Körperinstrumenten wie Klatschen, Patschen, Schnalzen oder Stampfen ausdrücken (Siehe Praxisbeispiel 4). Aber auch Wahrnehmungsübungen wie z. B. den Raum, den Atem, den Herzschlag spüren, Rollenspiele, Pantomime, Alltagsrituale wie sich begrüßen, danken, sich umarmen, sich entschuldigen, Gebetsgebärden, Spiellieder und Tänze gehören zu sinnhaften Körperübungen. Was schon Thomas von Aquin mit dem zum geflügelten Wort gewordenen Ausspruch meinte, nichts komme im Verstand an, was nicht früher über die Sinne zugänglich geworden sei, gilt im besonderen für die Ausbildung des Symbolsinns bei Kindern. Dazu gehören auch Methoden wie Erzählen, Arbeit mit Ur-Bildern (Herz, Tür, Weg, Wasser...), kreatives Gestalten mit Stiften, Naturmaterialien, Alltags- und Spielgegenständen, Betrachten von Bildern, meditative Elemente wie Stilleübungen, Singen und Tanzen mit und ohne Gebärden, eventuell mit einfachen Orff-Instrumenten oder selbst hergestellten Begleitinstrumenten. Die Fülle von die Sinne ansprechenden Methoden ließe sich noch beliebig fortführen. Beispiele dazu finden Sie im Praxisteil.

---

23 R. Pousset, S. 122.

2. Ritualisierung

Die sichtbare, feste, äußere Anordnung, die durchgeplante Struktur und immer wiederkehrende Gesten, Lieder sowie Gebetsformen geben einer Wallfahrt eine Art Ritualisierung. Rituale, nach festgelegten Regeln vollzogene Handlungsabläufe, können der Gruppe und den Mitwirkenden Zusammenhalt und besonders Kindern Sicherheit vermitteln. Darüber hinaus können Rituale sogar heilende und befreiende Wirkung haben, selbst transzendente Erfahrungen ermöglichen[24]. „Wenn man Rituale auf den Glauben bezieht, dann stellt sich über sie ein Bezug zur Transzendenz her [...] öffnet sich [...] ein Stück Himmel"[25]. So kann z. B. an jeder Station ein bestimmtes Lied gesungen werden. Oder die Kinder erhalten nach und nach Teile eines Bildes. Das Kreuz führt stets den Wallfahrerzug an, eine mitgeführte Kerze wird an jeder Station abgestellt. Während des Gehens werden einfache Gebete, Lieder, Kanons wiederholt. Bestimmte Gebärden und Bewegungen bekräftigen die Aussagen eines Liedes oder Gebetes. Ein Stofftier, eine Hand-

Ist es windig, kann man die Jesus-Kerze, die symbolisch für den unsere Wege begleitenden Christus steht, auch in einer Laterne mitgetragen werden.

---

24 Vgl. Th. Dressel und J. Geyrhalter, S. 9 f.
25 A.a.O.

puppe, eine oder mehrere biblische Figuren begleiten den Weg, erzählen biblische Geschichten, halten zur Stille an ... Es gibt eine Fülle von Möglichkeiten für die Ritualisierung von Anfang, Ende, Weg und Stationen auf Material-, Symbol- und Personenebene einer Wallfahrt. Beispiele dafür sind im Praxisteil zu finden.

„Was ist das für ein Mensch, dem sogar Wind und Wellen gehorchen!" – Hier ist sie Stillung des Seesturms mit Egli-Figuren dargestellt.

3. Das „Kettenprinzip"

Da eine Kette zuerst beim schwächsten Glied auseinander bricht, kann man dieses Bild auch gut auf eine Wallfahrt übertragen. Die jüngsten Teilnehmer bestimmen das Maß an Zeit, Weg und Methoden. Wenn sich kleine Kinder überfordert fühlen, kann die

Wallfahrt nicht gelingen. Von größeren Kindern und Erwachsenen kann und muss Rücksicht und Anpassung an die Grundbedürfnisse der jüngsten Teilnehmer/innen verlangt werden. Damit den größeren Kindern nicht langweilig wird, können sie besondere musikalische Parts oder Fürbitten und kurze Gebete übernehmen, Material austeilen helfen und vieles mehr.

4. Der Transfer als Höhepunkt

Wichtiger als kurzweilige Darbietungen, Methodenvielfalt und abwechslungsreicher Materialeinsatz ist letztlich, dass rückblickend alle, die dabei waren, feststellen können: Die vermittelte religiöse Botschaft hat etwas mit dem eigenen Leben zu tun. Deshalb muss der Transfer – damit ist in der Fachsprache der Religionspädagogik die Übertragung der Botschaft auf konkretes Leben heute gemeint – die Lebenswirklichkeit der Teilnehmenden berücksichtigen und sich deutlich als Höhepunkt abzeichnen. Denn was nützt eine spannende Geschichte aus längst vergangenen Zeiten und ein unterhaltsames Programm, das um die Geschichte herumgruppiert ist, wenn nicht ein Fazit gezogen werden kann, dass zur konkreten Lebenshilfe wird, sobald ähnliche Gefühle, ähnliche Situationen sich einstellen. Nur mit ausreichendem Lebensbezug kann die Wallfahrt ein Stück Weg zu gelingendem Leben werden. Der Schweizer Pädagoge und Entwicklungspsychologe Jean Piaget erkannte Mitte des vergangenen Jahrhunderts, dass sich die kognitive Entwicklung von Kindern in bestimmten Zeitabschnitten, sogenannten Stadien vollzieht. Kinder im Alter von ca. zwei bis sieben Jahren können bereits Fantasie und Wirklichkeit trennen, sprachliche Symbole mit anschaulichen Begriffen füllen und eigene Symbole entwickeln. Sie sind z. B. in der Lage, eine Drachenfigur als anschauliches Symbol für Angst zu erkennen und zu benennen; oder sich in die Situation der Jünger im Boot bei Seesturm einzufühlen, dies auf selbst erlebte Situationen zu übertragen und es auch sprachlich auszudrücken. Wenn eine Wallfahrt dem Ziel der Glaubensentwicklung, ja einem Anbahnen von religiöser Sozialisation dienen will, lohnt es sich bei der Vorbereitung, die Lebenswirklichkeit der Kinder in den Blick zu nehmen. In dem Buch „Das Denken von Kindern" Wien 2001, Oldenbourg Verlag, beschreibt Robert S. Siegler, dass „... sogar kleine Kinder fähig sind, die Sprache zu gebrauchen und Objekte und Ereignisse im äußeren Umfeld wahrzunehmen, um zwei zu nennen. Auch andere Handlungen werden manchmal zum Denken gerechnet: etwa gewandtes Sozialverhalten, ein ausgeprägtes Moralgefühl, das Empfinden angemessener Gefühle".[26]

Warum das Wichtigste aufs Papier gehört

Was ist falsch an dem bei Absprachen häufig geäußerten Appell „Und vergesst bitte nicht ..."? Ganz einfach: Niemand vergisst absichtlich etwas. An alles zu denken, ist der Glücksfall, nicht die Regel. Deshalb muss das, was nicht vergessen werden darf, aufs Papier! Denn wenn jede an Planung und Durchführung der Wallfahrt beteiligte Person nur eine Kleinigkeit vergisst, ist am Ende garantiert eines perfekt: das Chaos.

1. Kampf dem Chaos mit To-Do-Listen

Wer zum ersten Mal eine Wallfahrt plant, verliert rasch den Überblick über die Vielzahl an Details, die es zu bedenken gilt. Viel Zeit und Ärger spart sich, wer von Anfang an Ideen und Besprechungsinhalte schriftlich fixiert. Bei Treffen der Vorbereitungsgruppe sollte stets feststehen, wer Protokoll führt. Die Weitergabe der Protokolle funktioniert am besten über E-Mail-Verteiler.
Stichpunkte reichen in der Regel, um den Stand der Dinge und die noch zu erledigenden Punkte für alle nachvollziehbar zu machen. Besonders hilfreich sind sogenannte „To-Do-Listen", die ans Protokoll angehängt werden. Was noch zu tun ist bis zum nächsten Treffen oder bis zur Veranstaltung und wer dafür verantwortlich zeichnet, wird auf einen Blick ersichtlich:

---

26 R. S. Siegler, S. 2 f.

„TO-DO-LISTE"		
Zu erledigen ...	Es kümmert sich ...	Bis wann?

2. Ein Ablaufplan braucht Spalten

Was für die Planungsarbeiten gilt, nämlich eine schriftliche Fixierung all dessen, was wichtig ist, gilt selbstverständlich erst recht für den Ablauf, denn selbst bei noch so intensiven mündlichen Absprachen, was wann wer an welcher Stelle tut, wäre dem Chaos Tür und Tor geöffnet. Die beste Übersicht behält man mit einem tabellarischen Ablauf, der Schritt für Schritt durchs Programm begleitet. Wie ein fertiger Ablauf aussehen kann, ist den Praxismodellen ab Seite 64 zu entnehmen. Folgendes Grundschema kann als Anregung dienen:

Thema **Art der Wallfahrt**				
Methode	**Texte / Gestaltungselemente**	**Material**	**Dauer**	**verant-wortlich**
Treffpunkt: (Ort einsetzen)				
1. Station: (Ort einsetzen)				
1. Wegstück: (kurze Wegbeschreibung)				
2. Station				

2. Wegstück				
3. Station				
3. Wegstück				
Schlussandacht / Wortgottesdienst				
Ort				
Eröffnung				
Hauptteil				
Abschluss				

3. Der Luxus einer separaten Materialliste

Auch wenn im Ablaufplan eine ganze Spalte den benötigten Materialien gewidmet ist, lohnt es sich, eine separate Liste zu erstellen, in der nicht nur alle Materialen aufgeführt sind, sondern auch, wer sie mitbringen wird. Denn nicht immer ist die Person, die etwas Bestimmtes verwenden wird, auch die, die es beschafft. Beispiel: Ein Teammitglied benötigt für eine Geschicklichkeitsübung ein langes Seil. Eine Mutter, deren Kind im Kindergarten ist, will dort ein solches Seil ausleihen und wird es zur Wallfahrt mitbringen. Im Ablaufplan steht aber das Teammitglied, das dieses Seil verwenden wird und nicht die Mutter.

4. Selbermachen und delegieren

Wer jemals das Glück hatte, in einem funktionierenden Team zu arbeiten, wird zu schätzen wissen, wie entlastend es ist, wenn man nicht alles selber machen muss. Schon der Apostel Paulus stellte nachdrücklich in seinem ersten Brief an die Gemeinde von Korinth fest, dass es segensreich ist, die verschiedenen Gnadengaben, die den einzelnen Menschenkindern von Gott gegeben sind, zum Wohle der Gemeinschaft zusammenwirken zu lassen[27]. Je mehr Menschen sich für ein Projekt begeistern lassen, desto größer wird der Erfolg sein, denn ihr Wirken zieht Kreise. Doch wie funktioniert Delegation?

Zum einen kann nur die Leitung delegieren, denn wer die Fäden in der Hand hat, muss wissen, wer am Ende jedes Fadens steht. Wenn jemand eine ihr oder ihm übertragene Aufgabe weiterdelegiert, müssen die Leitung und alle, die davon betroffen sind, informiert werden. Ein einmal angenommener Auftrag muss entweder erfüllt oder unter Nennung plausibler Gründe rechtzeitig zurückgegeben werden.

Zum andern kann nur an Personen des Vertrauens delegiert werden. Ist jemand bereits einmal durch Unzuverlässigkeit aufgefallen, sollte die Leitung gelegentlich den aktuellen Stand erfragen, damit am Ende keine böse Überraschung wartet. Bei Teams, die sich gerade erst gebildet haben, ist schwer abzuschätzen, ob alle mit ihren Aufgaben klarkommen. Auch in diesem Fall sollte die Leitung von Zeit zu Zeit um Zwischenergebnisse bitten und sich um Entlastung für diejenigen kümmern, die überfordert sind.

---

27 Siehe EÜ, 1 Kor 12

5. Umgang mit der Technik

Nichts kann tückischer sein als das Türschloss und der Schaltplan für die Innenbeleuchtung eines alten Kirchleins – außer die transportable Lautsprecheranlage für den Weg mit ihrem komplexen Regelsystem. Dies durchschaut oft nur, wer einen Kurs dafür absolviert hat! Auf solche Widrigkeiten nicht genügend vorbereitet zu sein, kann eine Wallfahrt zum Scheitern bringen.

Es reicht also nicht, sich im Pfarramt den Kirchenschlüssel zu besorgen, denn unter Umständen muss man am verzogenen Portal drücken oder schieben, um den Schlüssel im Schloss bewegen zu können. Nicht selten müssen Alarmanlagen ausgeschaltet und Blockierstifte eingesteckt werden, damit man die Tür von innen auch wieder öffnen kann. Manche Beleuchtungskörper lassen sich nur von der Sakristei aus bedienen und keineswegs, wie in modernen Zeiten üblich, durch einen Schalter gleich neben der Eingangstür. Bei anderen muss erst ein Extra-Schalter für die Stromzufuhr sorgen, bevor man den Lichtschalter erfolgreich umlegen kann. In kalter Jahreszeit muss auch an das rechtzeitige Einschalten einer Heizung gedacht werden, sofern eine vorhanden ist. Dies herauszufinden ist oft ein wichtiger Planungsschritt, denn ein längerer Aufenthalt in nicht heizbaren, eiskalten Kirchen ist Kindern nicht zumutbar.

Auch mit den Mikrofonen sollte man sich frühzeitig beschäftigen. Das Regulieren erfordert oft sehr viel Fingerspitzengefühl, damit nichts pfeift oder knackt. Hier ist ein Test unerlässlich. Mikrofone sind allerdings erst notwendig, wenn eine Gruppenstärke von über dreißig Personen erwartet wird. Es ist jedoch immer gut, Kinderstimmen zu verstärken, wenn die entsprechenden Geräte sowieso genutzt werden können. Also lieber einen Lautsprecher bzw. ein Mikro zu viel als zu wenig.

Egal, wer Ihnen erzählt, so kompliziert sei das alles gar nicht und ein paar mündliche Anweisungen reichten völlig aus, um die nötige Technik zu beherrschen: Sie sollten jedenfalls auf einem „Probelauf" bestehen, bei dem Sie selber nicht nur zuschauen, sondern agieren dürfen! Denn vielleicht weiß zwar der alte Küster im Halbschlaf, wo er drücken, drehen, schieben und stöpseln muss, doch wer die Handgriffe zum ersten Mal setzt, muss durchaus herumexperimentieren, bis die Technik funktioniert, wie sie soll.

Sehr entlastend ist es, wenn sich im Vorbereitungsteam ein bis zwei Leute finden, die sich ganz gezielt um Schließ-, Beleuchtungs-, Heizungs- und Tontechnik kümmern (Beschaffung *und* Handhabung!).

Warum klare Finanzen den Frieden sichern

Beim Geld hört nicht nur die Freundschaft, sondern oft auch die Zusammenarbeit auf. Deshalb muss von Anfang an klar sein: Wer ist Träger der Veranstaltung und kommt deshalb für mögliche Kosten auf? Gibt es dafür Geld aus einem Etat der Pfarrei? Übernimmt man bei einer ökumenischen Veranstaltung die Kosten zu gleichen Teilen oder muss anteilmäßig nach Teilnehmerzahl der jeweiligen Konfession abgerechnet werden? Oder gibt es gar Sponsoren?

1. Wer anschafft, zahlt

In der Regel verfügt jede Pfarrei bzw. jedes Dekanat über einen Etat für Kinder- und Familienpastoral. Ansprechpartner, um finanzielle Fragen im Vorfeld zu klären, ist deshalb der Pfarrer oder Dekan – je nachdem, auf welcher Ebene die Veranstaltung geplant ist. Auf evangelischer Seite gelten ähnliche Strukturen. Geklärt werden muss nicht nur, ob, sondern auch in welcher Höhe Geld zur Verfügung steht.

2. Die realistische Kostenschätzung

Um über konkrete Zahlen reden zu können, muss der Ablaufplan bereits weitgehend feststehen, denn erst dann kann der zu erwartende Materialbedarf abgeschätzt werden. Trotzdem ist es vernünftig, vorab einen gewissen Spielraum aushandeln, dann ist der Rahmen bereits abgesteckt. Neben Papier- und Kopierkosten, die fast immer, aber meist sehr niedrig ausfallen, sollte man an „Giveaways" denken, kleine Andenken an die Wallfahrt, die die Kinder am Ende mit nach Hause nehmen dürfen. Ideen dazu unter „Ritualisierung" und in den Praxismodellen! Eventuell können auch

Leihgebühren für die Mikrofonanlage eines Vereins zu bezahlen sein. Alles in allem sind jedoch bei vernünftiger Planung keine hohen Kosten zu erwarten. Stifte, Scheren, Kleber und Bastelmaterialien sind oft in diversen Einrichtungen von Pfarreien vorhanden und können in der Regel kostenlos ausgeliehen werden. Gesichert muss jedenfalls sein, dass Mitarbeiter/innen des Vorbereitungsteams, die im Auftrag des Teams Besorgungen machen, für den mitgebrachten Kassenzettel ihre Auslagen ersetzt bekommen. Sollte jemand freiwillig auf einen Ersatz verzichten, ist das schön, aber keineswegs selbstverständlich. Denn wer für eine Gemeinschaft arbeitet, dem sollten dadurch nicht auch noch finanzielle Verluste entstehen. Nicht jede Familie hat eine prall gefüllte Haushaltskasse.

3. Mögliche Einnahmequellen

Ist die Deckung der zu erwarteten Auslagen – aus welchen Gründen auch immer – nicht garantiert, kann man Sponsoren suchen. Örtliche Banken und Sparkassen geben manchmal Unterstützung in Form von Sachspenden, wollen dafür aber auch irgendwo abgedruckt werden (z. B. auf den Einladungszetteln). Dasselbe gilt für ortsansässige Firmen und Geschäfte. Wer nicht kommerzielle Werbung machen will, kann auch durch den Verkauf von selbst gebackenem Kuchen und Getränken im Anschluss an die Wallfahrt versuchen, die Kosten zu decken. Das birgt zwar ein gewisses Risiko, doch müssen ja nur relativ geringe Summen erwirtschaftet werden.

Warum gute Werbung eine Kunst ist

Ohne Reklame keine Aufmerksamkeit! Auch eine Wallfahrt braucht gute Reklame, denn die Zeiten, in denen Angebote der Kirche(n) wahrgenommen wurden, weil es sich so gehörte, sind längst vorbei. Das ist einerseits gut so, weil die persönliche Entscheidungsfreiheit ein hohes Gut ist und die Qualität kirchlicher Veranstaltungen gefördert wird (denn nur das, was wirklich gelungen ist, wird auch angenommen). Andererseits stellt diese Tatsache die Veranstalter/innen vor die Herausforderung, mit ihrer Werbung Lust auf das Angebot zu machen.

1. Das Plakat

Was findet wann wo für welche Zielgruppe statt? Wer ist der Veranstalter? Diese W-Fragen muss ein gut gestaltetes Plakat auf den ersten Blick beantworten. Blickfang sollte dabei ein eingängiges Motto sein, das neugierig macht auf mehr Information, und ein Bild, das anspricht.

Vorsicht, wenn Sie Bilder aus dem Internet oder aus Büchern verwenden wollen! Fast alle Künstler/innen lassen sich das Recht auf Vervielfältigung bezahlen. Copyrightverletzungen sind zwar häufig, aber dennoch strafbar!

Vielleicht ist auch jemand aus dem Vorbereitungsteam künstlerisch begabt und verziert das Plakat mit einer kleinen Darstellung. Oder Sie verwenden eine Kinderzeichnung. Ein kindliches Kunstwerk kann im Farbdruck eine großartige Wirkung haben.

Vielleicht kann auch die Zeichnung im Praxisteil als Motiv für Plakate dienen. Sie darf jederzeit kopiert und abgeändert werden.

Plakate gehören in den Schaukasten des Pfarrheims und der Kirche, je nach Zielgruppe in den Kindergarten, die Schule und den Hort (nach Absprache mit der jeweiligen Leitung). Auch manche Geschäftsinhaber erlauben das Anbringen von Plakaten.

2. Der Handzettel

Selbst wenn bereits reichlich plakatiert ist, sind kleine Handzettel (im DIN A5- oder DIN A6-Format) sinnvolle ergänzende Werbeträger, die obendrein nicht viel kosten. Es reicht, einfach das Plakat in entsprechend verkleinerter Form abzudrucken, dann können Interessierte den praktischen Info-Zettel an die häusliche Pin-Wand hängen und sind so stets an den Termin erinnert. Teuren Farbdruck sollte man sich sparen und dafür lieber eine hohe Stückzahl drucken bzw. kopieren, damit möglichst viele Haushalte erreicht werden. Allerdings lohnt es sich, die Einladung auf farbiges, nicht zu dunkles Papier zu kopieren, damit sie ins Auge fällt.

3. Die örtliche Presse

Lokale Tages- und Wochenzeitungen sind in der Regel gerne bereit, kurze Hinweise auf kirchliche Veranstaltungen kostenlos abzudrucken, allerdings nicht lange im Voraus, manchmal sogar nur unter der Rubrik „heute / morgen". Während Tageszeitungen den eingereichten Text oft umformulieren, was ihn manchmal zwar sprachlich aufwerten, dafür aber vom Sinn verändern kann, wollen die regionalen Blätter, die wöchentlich kostenlos in alle Briefkästen gesteckt werden, in der Regel eine exakte Textvorgabe. Das hat den Vorteil, dass tatsächlich das abgedruckt wird, was man an Information weitergeben möchte.

In seltenen Fällen hat man sogar das Glück, dass eine Zeitung Interesse an einer kleinen Reportage zeigt – entweder über die Vorbereitung der Veranstaltung oder über die Durchführung. Diese Chance sollte man unbedingt nutzen und den Presseleuten wohlwollend Auskunft geben. Um vor unliebsamen Überraschungen wie falsch verstandenen Aussagen oder fantasievollen Ergänzungen, die mit der Realität nichts zu tun haben, sicher zu sein, lohnt es sich, um einen Vorabdruck zu bitten, der in der Regel gern geliefert wird.

4. Druckerzeugnisse der Pfarrei

Der Pfarrbrief und die Gottesdienstordnung sind ebenfalls gute Werbeträger, der Pfarrbrief für die langfristige Ankündigung, die Gottesdienstordnung für die kurzfristige Erinnerung. Die zuständigen Mitarbeiter/innen sind meist dankbar für ausformulierte, aber möglichst kurze Texte, denn der Platz ist fast immer ziemlich knapp.

5. Das Internet

Wir leben in Zeiten, in denen vor allem junge Familien fast alle über eine E-Mail-Adresse verfügen. Wenn die Mitarbeiter/innen des Vorbereitungsteams in ihrem Bekanntenkreis ein Rundmail mit dem Plakat im Anhang verschicken, können dadurch sehr viele Haushalte erreicht werden. Einer freundlichen Einladung von Bekannten via E-Mail werden sicher mehr Leute folgen als einem Veranstaltungshinweis auf Plakat oder Zettel, wo man nicht weiß, welche Leute man dort treffen wird.

6. Die Mund-zu-Mund-Propaganda

Die allerbeste Werbung ist und bleibt trotzdem die von Mund zu Mund. Selbst Familien, die kirchliche Veranstaltungen mit Skepsis und aus der Ferne betrachten, lassen sich durch persönliches Ansprechen eher einladen als durch ein Stück Papier. Auch Kinder sind stärker interessiert, wenn sie hören, dass diese Freundin und jener Freund mit dabei sein werden, als wenn sie nur einen Zettel in die Hand gedrückt bekommen mit dem Hinweis, sie sollen ihn daheim bei Papa oder Mama abliefern.

Warum sich der Heilige Geist über eine Lücke freut

Zwar gibt es, wenn man eine Wallfahrt für Kinder oder Familien plant, im Vorfeld vieles zu bedenken und zu organisieren, doch sollte man sich im Bestreben, die perfekte Veranstaltung zu kreieren, nicht verrückt machen.

Auch bei noch so guter Planung wird man bei der Durchführung auf Fehler- und Lückenhaftes stoßen. „Hätten wir nicht besser …?" und „Sollten wir beim nächsten Mal nicht doch …?" – Fragen, die im Nachhinein fast immer gestellt werden. Ja, vielleicht hätte man und sollte man. Aber diesmal war es eben anders. Und die Veranstaltung kann trotz kleiner Pannen in ihrer Gesamtheit gelungen sein. Deshalb gilt: Am Ende das Positive wertschätzen, über die kleinen Pannen lächelnd hinwegsehen und für die Zukunft aus den groben Fehlern lernen. Auch ein Vorbereitungsteam darf wachsen und reifen. Und die perfekte Veranstaltung ist sowieso eine Illusion. Nicht Perfektion kann man erlernen, denn zu viele Faktoren sind gar nicht bis ins Detail planbar und zu viele Widrigkeiten, für die die Veranstalter oft gar nichts können, machen manchmal einen Strich durch die Rechnung. Lernen kann man aber, einen kühlen Kopf zu bewahren und geschickt mit Pannen umzugehen.

In akuten schwierigen Situationen, wenn der Verstand aussetzt und alles schief zu gehen droht, kann unter Umständen am allerbesten dieses kleine Stoßgebet helfen: „Heiliger Geist, hilf!" Denn zum Glück gibt es diese höhere Macht, die regulierend eingreift, wo wir ihr die Chance dazu geben.

1. Platz für Spontanes

Trotz aller gut durchdachten und geplanten Aktionen sollte gerade bei Kindern Platz für Spontanes bleiben. So können z. B. plötzlich aufkommende Fragen, eigene Erlebnisse, Erkenntnisse oder spontane Gebete den geplanten Zeitablauf verzögern. Dies sollte in der Planungsphase bedacht werden. Lieber geplante Teile weglassen oder kürzen und dafür den spontanen Kinderbeiträgen Raum geben.

2. Widrige Umstände

Unvorhersehbare Umstände und Hindernisse verlangen flexibles Handeln. Bei plötzlichen Wetterumschwüngen, großer Hitze oder Kälte oder gar gesundheitlichen Problemen bedarf es einer der Gruppe und der Situation angemessenen spontanen Änderung des Ablaufs. Wichtig ist, dass das Leitungsteam stets aufmerksam ist für Unruhe in der Gruppe, selbst aber Ruhe bewahrt, weder Panik noch Ärger zeigt und durch klare Anweisungen zu verstehen gibt, dass am Problem gearbeitet wird.

3. Perfektion ist keine christliche Tugend

Wir Menschen sind nicht perfekt, denn jeder von uns hat Schwächen unterschiedlicher Art. Jesus hat mit dem Spruch vom Splitter und Balken im Auge kritisiert, dass Menschen mit perfektionistischen Ambitionen oft nur die Fehler der anderen, jedoch nicht die eigenen wahrnehmen. Fördert nicht das Bewusstsein der eigenen Fehlbarkeit so wichtige Tugenden wie Toleranz, Friedfertigkeit und Nächstenliebe im Sinne der Bergpredigt?

Anselm Grün, Benediktinerpater und populärer Autor unzähliger spiritueller Bücher, plädierte in einer Rede anlässlich eines Schulbesuchs im Gymnasium Erlenbach im Juni 2007 zum Thema Werte für eine wärmende Sprache, die Sprache der Liebe, im Gegensatz zu Perfektionismus und Maßlosigkeit. Er sprach vom Heiligen Geist, der in Feuer von Zungen auf die Menschen herabkommt, von einer wärmenden Sprache, wo etwas überspringt: „Wenn Sie spüren, dass Sie wertvoll sind, dann haben Sie eine Kraftquelle für Ihr Leben [...]“[28] Diese gelingende Kraft des Heiligen Geistes wünschen wir Ihnen für die Vorbereitung und die Durchführung von Wallfahrten mit jüngeren Kindern und Familien. Wir hoffen, dass unsere Anregungen einen sinnvollen, brauchbaren Beitrag dazu leisten.

---

28 A. Grün, in: Praxishandbuch zur Werteerziehung, S. 18.

Praxismodelle

Ein Tipp zum Umgang mit den Modellen

Bei Ablaufplänen für eine Kinder- und Familienwallfahrt ist es wie mit einem Anzug, der gut sitzen soll: Ideal ist die nach Maß geschneiderte Version, doch diesen Luxus kann man sich nicht immer leisten. Und den geschickten Schneider hat man auch nicht immer an der Hand.

Die nachfolgenden fünf Modelle sind zwar in der Praxis erprobt und waren auf unsere Zielgruppen und Gelände gut zugeschnitten, doch möchten wir ausdrücklich dazu ermutigen, kreativ mit ihnen umzugehen. Sie sind eher als Anregung dafür anzusehen, wie das geistige Endprodukt aussehen kann, und weniger als ein Komplettpaket, das eins zu eins umgesetzt werden soll. Haben Sie bitte Mut zur Variation, denn die Wallfahrt „von der Stange" hat garantiert Mängel.

Besonders schwierig gestaltet sich bei der Übernahme fertiger Modelle die Suche nach entsprechenden Stationen. Was tun, wenn die ausgewählte Wegstrecke an keiner Geißelsäule, keinem Wegkreuz, keiner Hauskapelle vorbeiführt, wie es der Ablauf vorgibt? Oder wenn zwar die Gegebenheiten übereinstimmen, aber nicht in der entsprechenden Reihenfolge? Dann zögern Sie bitte nicht, den Ablauf als Steinbruch zu verwenden, aus dem Sie das herausholen, was für Ihr Vorhaben wertvoll sein könnte. Kombinieren und modifizieren Sie unsere Vorschläge nach Herzenslust, nur vergessen Sie dabei eines nicht: den berühmten roten Faden im Auge zu behalten, den Sie selbst wählten, als Sie das Thema formulierten. In allen Teilen muss der rote Faden erkennbar sein.

Bei den aufgeführten Modellen fehlt die Spalte „Verantwortlich", in die Sie gegebenenfalls das Team-Mitglied eintragen müssten, das den jeweiligen Part übernimmt. Auch bei den Materiallisten muss im konkreten Fall bei jedem Gegenstand in Klammern ergänzt werden, wer ihn besorgt.

Modell 1: „Auf Fels gebaut – auf Sand gebaut"

**Familienwallfahrt mit Ideen für ein standfestes
„Haus des Glaubens"**

▤ Vorgeschichte

Das Tagesevangelium Mt 7,21–27 ist im Lesejahr A am 9. Sonntag
im Jahreskreis mit dem Schlagwort „Auf Fels gebaut – auf Sand
gebaut" überschrieben. Am Ende der Bergpredigt stellt Jesus zu-
sammenfassend klar, worauf es ankommt, wenn ein Mensch die
Weisungen Jesu beherzigen will: auf die konkrete Umsetzung im
Leben. Wort Gottes und Umsetzung ins Handeln bilden zusammen
die tragfähige Basis für ein „Haus des Glaubens", das allen Stürmen trotzen kann.

Da exakt an diesem Tag die Sternwallfahrt unseres Dekanates
stattfinden sollte, fasste unser Vorbereitungsteam für die als Pa-
rallelveranstaltung geplante Familienwallfahrt rasch den Ent-
schluss, dieses Thema zu übernehmen. Schließlich war sowieso
geboten, einen Bibeltext vom Tag für die familiengerechte Variante zugrunde zu legen, damit die Familien nach dem Wortgottesdienst problemlos in den Hauptgottesdienst integriert werden
konnten, weil die grundlegende Thematik dieselbe war.

▤ Religionspädagogische Überlegungen

Als Zielgruppe hatten wir vor allem Familien mit Kindern im Kin-
dergarten- und Vorschulalter zu erwarten, vereinzelt aber auch äl-
tere Geschwister, die wir z. B. zum Lesen von Bitten einsetzen konnten. Die Inhalte mussten jedoch ein sehr einfaches Niveau haben,
ebenso die Sprache, damit die Jüngeren gut folgen konnten.

Welchen tragfähigen Grund für unser „Haus des Glaubens" sollten
wir also aufzeigen? Unsere Entscheidung fiel auf die Liebe, sym-
bolisiert durch ein „Herz-Puzzle", eine Platte in Herzform, die in
drei Teile gesägt war: Die Liebe zu Gott, die Liebe zum Nächsten
und die Liebe zu mir selbst – das ist es doch, was mich durchs
Leben trägt, was mich hält in den Stürmen des Lebens. Und über
alle drei Arten von Liebe konnten wir anhand dieses „Herz-Puzz-
les" gut auch mit den jüngeren Kindern sprechen, spielen, singen …

Die notwendigen drei Stationen waren somit schon vorgegeben. Sie bildeten die Hinführung zum Evangelium, das wir erst im Wortgottesdienst verwenden wollten, weil wir aus den Erfahrungen der Vorjahre wussten, dass manchen Familien nicht an der Wallfahrt, wohl aber am abschließenden Gottesdienst teilnehmen würden. Für die neu Dazukommenden war es wichtig, dass der Gottesdienst eine in sich geschlossene Einheit darstellte. Was an Vorüberlegungen aus den Stationen zum Verständnis notwendig war, musste deshalb im Gottesdienst wiederholt werden.

■ **Materialliste**
- **Vortragskreuz**
- **Gitarre zum Umhängen**
- **Liedblätter**
- **Herz mit drei Segmenten und Verziermaterial:**
- **Händchen auf Papierkreisen, , Bild „Kind in Gottes Hand", kleine Herzen auf Papierkreisen** (Vorlagen im Anhang)
- **Stifte**
- **mehrere Stempelkissen**
- **Kleber**
- **Umhängeherzen, oben in der Mitte gelocht und Wollfäden**
- **Großes rundes Tuch für die Mitte**
- **Große Bibel mit eingelegter, kindgerechter Fassung des Evangeliums** (im Anhang)
- **Hand-in-Hand-Verslein** (im Anhang)
- **Lob- und Danklitanei** (im Anhang)
- **Etwas, auf dem man balancieren kann**
- **Langes Band oder lange Schnur, z. B. Wäscheleine**
- **Sandmuschel**
- **Bausteine**
- **Kinderbänke o. Isomatten**
- **Jesus-Kerze mit Windschutz**
- **Fürbitten-Zettel**
- **10 dünne, lange Kerzen für Fürbitten**
- **Zündhölzer**
- **DIN A3-Zettel mit Wegweisern**
- **Tesa-Krepp**

■ Ablauf Modell 1

„Auf Fels gebaut – auf Sand gebaut" Familienwallfahrt mit 3 Stationen und Wortgottesdienst		
Methode / Form	**Texte / Gestaltungselemente**	**Material / Dauer**
1. Station: Selbstliebe		**15 min**
Singen mit Bewegungen	**Lied „Hallo, hallo, hallo"** (siehe Anhang) im Wechsel Vorsänger / Alle	Liedblätter, Gitarre
Eröffnungsritual	**Begrüßung / Kreuzzeichen**	
Übung zur Selbstwahrnehmung	**Übung „Zur Mitte kommen":** *„Der Gesang hat gut geklappt. Man merkt gleich: Viele gute Sänger und Sängerinnen sind heute hier. Das macht mich jetzt richtig neugierig. Können mal alle einen Schritt zur Mitte machen, die gut singen können?"* (Die guten Sänger/innen bekommen Beifall.) *„Bestimmt kannst du noch anderes gut. Zur Mitte kommen bitte alle, die ..."* – Nun werden verschiedenen Begabungen abgefragt und beklatscht. (gut Fußballspielen, trösten, zuhören, tanzen, rechnen, zeichnen, Lego bauen ... können) Fazit: *„Prima, jede/r hat von Gott gute Fähigkeiten mitbekommen. deshalb hat auch jede/r allen Grund, sich selber gern zu haben, sich zu mögen."*	
Singen m. Bewegungen	**Lied „Manno manno Mannomann"** (siehe Anhang); Die Großen singen die Strophen, die Kleinen machen die Bewegungen	Liedblätter, Gitarre
Lesung einer Bibelstelle	**Psalm 139,13f. mit Hinführung:** *„In der Bibel habe ich ein sehr schönes Gebet gefunden. Da bedankt sich jemand beim lieben Gott, weil er genau dasselbe festgestellt hat, was wir gerade gemerkt haben: Eigentlich ist es ganz wunderbar, wie Gott uns gemacht hat.* *Hier ist die Stelle, die ich meine. Sie steht im Psalm 139:* *„Herr, du hast mein Inneres geschaffen, mich gewoben im Schoß meiner Mutter. Ich danke dir, dass du mich so wunderbar gestaltet hast."*	Bibel

Aktion mit Gegenstandsimpuls	**Einführen des zentralen Symbols „Herz"** (siehe Anhang): *„Gott hat uns wunderbar gestaltet. Das zeigt, dass er uns lieb hat. Und weil er uns lieb hat, dürfen wir uns selber auch lieb haben. Kennst du ein Zeichen, das für Liebe steht? Das man zum Beispiel auf ein Bild zeichnet oder auf einen Brief, wenn man sagen will, dass man jemanden lieb hat?"* Erwartete Antwort: „Ein Herz!" Verteilen der Umhängeherzen / Jedes Kind setzt einen Daumenabdruck auf sein Umhängeherz und auf das große Herzsegment. *„Der Daumenabdruck steht dafür, dass du ganz einmalig bist. Etwas Besonderes. Ein Gottesgeschenk!"*	Umhängeherzen, Herzsegment, Stempelkissen
Beten	**Wallfahrtssegen:** *„Lasst uns beten:* *Lieber Gott, wir wollen uns nun auf den Weg machen,* *jeder Mensch für sich – einzigartig und einmalig –* *und doch auch alle zusammen als eine Gemeinschaft,* *verbunden durch deine Liebe,* *mit der du jeden und jede, einfach alle umfängst.* *Sei du bei uns mit deinem Schutz und Segen.* *Amen."*	
Anweisung	**Überleitung zum Aufbruch:** Kinder auswählen, die das Herzsegment, das Kreuz, die Bibel, eventuell Kerzen tragen; Prozessionsordnung bekannt geben.	Alle Gegenstände, die auf dem Weg mitgetragen werden
1. Wegstück		**15 min**
Singen	**Lied „Laudato si"** (Bezugsquelle siehe Anhang) im Wechsel Vorsänger / alle	
Beten	**Lob- und Danklitanei** (Siehe Anhang).	Textblatt
2. Station: Nächstenliebe		**20 min**
Hinführung	*„Jede / r von uns kann ganz viel allein, aber manchmal sind wir heilfroh, wenn jemand uns hilft, weil es auch vieles gibt, was wir allein nicht schaffen. Menschen brauchen einander – sehr oft und immer wieder."*	

Singen	Lied „He du, hallo du" (Bezugsquelle siehe An-hang)	
Übung	**Geschicklichkeitsübung „Balancieren"** (ge-eignet: ein niedriger Zaun, ein Mäuerchen, ein Vierkantholz auf Ziegelsteinen o.ä.): Kinder ba-lancieren, Erwachsene geben Hilfestellung oder sichern zumindest ab.	Etwas, auf dem man ba-lancieren kann
Gespräch	**Austausch mit den Kindern:** *„Es gibt vieles, was gemeinsam besser geht, mehr Spaß macht als allein. Und manchmal brauchen wir sogar unbe-dingt Hilfe ..."* (Beispiele sammeln!)	
Lesung	**Evangelium vom barmherzigen Samariter (Lk 10, 25–37,** kurze Fassung aus einer Kinderbi-bel frei erzählt)	Bibel (m. Einlege-blatt)
Gespräch	**Überlegungen:** *„Der Nächste, das ist jeder Mensch, an dem ich gerade nah dran bin. Beim Helfen: Nicht fragen „Woher kommst du überhaupt? Bist es du wert, dass ich mich mit dir abgebe? Was habe ich davon?", sondern einfach hinlangen, wenn es notwendig ist, da sein für andere. Wenn alle die-se Einstellung hätten, wie schön wäre das! Dann würde jedem von anderen geholfen, auch mir! Jesu Rat an uns: Hab dich nicht nur selber lieb, sondern auch deinen Nächsten."*	
Aktion	**Das Symbol „Herz" ausgestalten:** Jedes Kind erhält zwei Händchen; darauf werden die An-fangsbuchstaben des Vornamen geschrieben; je ein Händchen für Umhängeherzen und zweites Herzsegment.	Händ-chen, Stifte, Kleber
Beten	**Gebet:** *„Lieber Jesus, es ist nicht immer leicht, füreinan-der da zu sein. Schließlich mag nicht jeder jeden. Schließlich kennt man auch nicht alle. Aber du hast recht: Nur wenn wir alle bereit sind, einander zu helfen, geht es freundlich zu unter uns Menschen. Den Nächsten lieben, das heißt: Bereit sein, jedem Gutes, Liebes zu tun, der in meiner Nähe ist. Ei-nen freundlichen Blick haben für andere. Anderen Freude gönnen, Hilfe anbieten ... Für deinen guten Rat an uns danken wir dir. Amen."*	

2. Wegstück		15 min
Aktion	**„Bandwurm" bilden:** Ein langes Band oder eine Schnur wird von Hand zu Hand weitergegeben und dabei abgewickelt. Jede/r hält sich am Band fest. Erst wenn alle durch das Band zu einem langen „Wurm" verbunden sind, wird losmarschiert.	Langes Band oder Schnur
Singen, unterbrochen durch Rufe	**Lied „Ich geb' dir meine Hand"** (Siehe Anhang), je dreimal singen, dazwischen je eine Strophe der **„Hand-in-Hand-Verslein"** (Siehe Anhang)	Liedblätter, Gitarre, Textblatt
3. Station: Gottesliebe		**20 min**
Hinführung	**Gedanklicher Impuls:** *„Es ist schön, wenn andere bereit sind, mich zu mögen, mir zu helfen, gut zu mir zu sein. Aber immer ist das nicht so. Da ist es sehr tröstlich zu wissen: Einer mag mich immer, hat mich immer lieb, gibt mir Halt..."*	
Singen mit Bewegungen	**Lied „Gottes Liebe ist so wunderbar"** ((Bezugsquelle und Bewegungsanleitung siehe Anhang))	Gitarre (Liedblätter nicht erforderlich)
Übung	**Test:** Wie standfest bin ich?	
Lesung	**Ps 139, 1–5:** *„Herr, du hast mich erforscht und du kennst mich. Ob ich sitze oder stehe, du weißt von mir. Von fern erkennst du meine Gedanken. Ob ich gehe oder ruhe, es ist dir bekannt; du bist vertraut mit all meinen Wegen. Noch liegt mir das Wort nicht auf der Zunge – Du, Herr, kennst es bereits. Du umschließt mich von allen Seiten und legst deine Hand auf mich."*	Bibel
Singen	**Lied „Du, Gott, stützt mich"** (Siehe Anhang), erst langsam, dann immer schneller und lauter singen, abschließend wieder leiser, langsamer, ganz leise verklingen lassen.	Liedblätter, Gitarre

Aktion	**Das Symbol „Herz" ausgestalten:** Jedes Kind erhält ein Bildchen „Kind in Gottes Hand" für das Umhängeherz, ein großes Exemplar des Bildes wird aufs dritte Herzsegment geklebt.	Bildchen und großes Bild mit Motiv „Kind in Gottes Hand", Kleber
Beten mit Gebärden	*„Guter Gott, in deiner Hand bin ich geborgen* (rechte Hand formt Schale, linke wird als lockere Faust in die rechte gelegt).*Niemals lässt du mich fallen. Die Liebe verbindet mich mit dir. Mit diesem Herzen, das ich jetzt mit meinen Händen in die Luft zeichne* (Gebärde ausführen), *will ich dir zeigen: Ich hab dich lieb. Amen* (Hände überkreuz aufs Herz legen und tief verneigen)."	
Wortgottesdienst (möglichst auf einer Wiese im Kreis um eine gestaltete Mitte herum)		**30 min**
Singen mit Bewegungen	**Lied „Hallo, hallo, hallo"** (siehe Anhang)	Liedblätter, Gitarre
Eröffnungsritual	**Begrüßung / Kreuzzeichen,** dazu Jesuskerze in der Mitte entzünden	Jesuskerze auf großem Tuch, Zündhölzer
Singen mit Bewegungen	**Lied: „Gottes Liebe ist so wunderbar"** (Bezugsquelle und Bewegungsanleitung siehe Anhang)	Gitarre
Beten	**Gebet:** *„Guter Gott, du hast uns eingeladen, damit wir als deine Freunde und Freundinnen zusammen beten und singen und uns Kraft holen für die kommende Woche. Dein gutes Wort kann uns Halt geben und stark machen. Für deine Liebe danken wir dir – jetzt und alle Zeit. Amen."*	
Wiederholung im Gespräch	**Rückbesinnung:** Den gemeinsamen Weg in Erinnerung rufen, dabei das Herz mit den drei Segmenten vorstellen	

Singen mit Bewegungen	**Lied „Wir singen alle Hallelu-, Halleluja"** (Bezugsquelle siehe Anhang) *„Gleich werden wir eine Stelle aus der Bibel hören, wo Jesus seinen Freunden und Freundinnen einen guten Rat gibt, der viel mit unserem Herzen zu tun hat. Zuvor aber wollen wir Gott ein Hallelujalied singen, mit dem wir ihn loben und preisen."*	Gitarre (Liedblätter nicht erforderlich)
Lesung	**Evangelium vom Tag, Mt 7,21–27,** kindgerechte Fassung (siehe Anhang)	Bibel m. Einlegeblatt
Praktischer Versuch	**„Hausbau und Einsturz":** Wir versuchen, mit Bausteinen ein Haus auf Sand zu bauen. Dann wird ausprobiert, was mit dem Haus passiert, wenn man am Untergrund manipuliert (z. B. durch Abgraben, durch Wasser o.ä.). Die Kinder können z. B. „Gewitter" spielen, dann kommt der „Regenguss"... Frageimpuls: *„Wie müsste der Untergrund beschaffen sein, damit das Haus nicht einstürzt?"*	Großer, flacher Behälter mit Sand, Gießkanne mit Wasser, Bausteine
Gespräch	**Gedankliche Verknüpfung der Herzsegmente mit dem festen Untergrund für das „Haus des Glaubens":** Fazit: *„Die Liebe ist der feste Boden, auf dem unser Glaube aufgebaut ist. Jesus hat immer gesagt: Das Wichtigste ist die Liebe. Du sollst Gott und deinen Nächsten lieben wie dich selbst. Wenn dir das gelingt, dann gelingt dein ganzes Leben, egal, was passiert."*	Herzsegmente
Beten	**Fürbitten:** *Auf Sand kann man keine Häuser bauen, aber in den Sand kann man Kerzen stecken, kleine Hoffnungslichter für alle, die Sorgen haben und die Gottes Hilfe brauchen. Für sie wollen wir nun beten, das ist auch ein Zeichen der Liebe, der Nächstenliebe. Wir wollen nach jeder Bitte ein Licht entzünden und rufen „Hilf ihnen, Herr!"* 1. *Lieber Gott, dieses Licht soll leuchten für alle, denen unrecht getan wird.* 2. *Dieses Licht soll leuchten für alle, die krank sind und Schmerzen haben.* 3. *Dieses Licht soll leuchten für alle, die niemand mag.* 4. *Dieses Licht soll leuchten für alle, die etwas falsch gemacht haben.*	Fürbitten auf Papierstreifen zum Ablesen für größere Kinder, ca. 10 lange dünne Kerzen

	5. *Dieses Licht soll leuchten für alle, die etwas tun sollen, das zu schwer für sie ist.*	
	6. *Dieses Licht soll leuchten für alle, die durch ein Unglück ihr Zuhause verloren haben.*	
	(Für den Fall, dass noch viel Zeit ist, Kerzen für freie Bitten bereit halten!)	
	Lieber Gott, wir dürfen sicher sein, dass du unser Gebet hörst und hilfst,	
	denn du liebst uns alle und willst Gutes für uns.	
	Dafür sei dir Lob und Dank – jetzt und alle Zeit.	
	Amen."	
Singen	**„Wunschlied":** Die Kinder dürfen sich, wenn noch Zeit ist, ein Lied aus dem Liedblatt wünschen.	Lied-blätter
Ab Gabenbereitung Teilnahme am Hauptgottesdienst!		

Anhang

◼ Grafiken

☐ **Kindgerechte Fassung von Mt 7,21–27**

Hinweis: Die Bibelstelle ist aus pädagogischen Gründen nicht
übersetzt, sondern wird – vor allem im ersten Absatz – stark pa-
raphrasiert wiedergegeben, trifft aber im Sinn die Aussage Jesu.
V. 24–27 entsprechen weitgehend der Einheitsübersetzung.

Aus dem heiligen Evangelium nach Matthäus.

In jener Zeit sprach Jesus zu seinen Jüngern:
Wer das tut, was mein Vater im Himmel für die Menschen möchte,
der wird den Weg ins Himmelreich finden.

Wer diese meine Worte hört und danach handelt,
ist wie ein kluger Mensch, der sein Haus auf Fels baute.
Als nun ein Wolkenbruch kam und die Wassermassen heranfluteten,
als die Stürme tobten und an dem Haus rüttelten,
da stürzte es nicht ein, denn es war auf Fels gebaut.

Wer aber meine Worte hört und nicht danach handelt,
ist wie ein unvernünftiger Mensch, der sein Haus auf Sand baute.
Als nun ein Wolkenbruch kam und die Wassermassen heranfluteten,
als die Stürme tobten und an dem Haus rüttelten,
da stürzte es ein und wurde völlig zerstört.

Evangelium unseres Herrn Jesus Christus.

☐ **Hand-in-Hand-Verslein**

V.: Menschen können einander beistehen …
                Alle: … Hand in Hand mit Gottes Hilfe!
V.: Menschen können vieles einsehen …
                Alle: … Hand in Hand mit Gottes Hilfe!
V.: Menschen können den Himmel erreichen …
                Alle: …
V.: Menschen können Hartes erweichen …

V.: Menschen können Städte erbauen …
                Alle: … Hand in Hand mit Gottes Hilfe!
Und viele Wunder der Erde schauen …

Menschen können Wissen erfragen ...
Menschen können Mauern abtragen ...

V.: Menschen können tanzen und lachen ...
          Alle: ... Hand in Hand mit Gottes Hilfe!
Menschen können viel Freude machen ...
Sie können Farben zum Leuchten bringen ...
und wunderschöne Lieder singen ...

V.: Menschen können Wunden heilen ...
          Alle: ... Hand in Hand mit Gottes Hilfe!
Und bei einsamen Herzen verweilen ...
Sie können Trost für die Traurigen sein ...
Und die Verzagten wieder erfreuen ...

V.: Menschen haben so viel gute Kraft ...
          Alle: ... Hand in Hand mit Gottes Hilfe!
Menschen suchen, was Frieden schafft ...
Gemeinsam gehen sie auf guten Wegen ...
So werden sie füreinander zum Segen ...

☐ Lob- und Danklitanei

Heute wollen wir Gott einmal ganz fest loben und ihm Danke
sagen, weil er uns alle so wunderbar gemacht hat.
Wir rufen gemeinsam: ... loben Gott!
V.: Alle Mädchen ...
          A.: ... loben Gott!
Alle Buben ...   ... loben Gott!
Alle Mamas ...   ... loben Gott!
Alle Papas ...
Alle Omas ...
Alle Opas ...
Die Großen ...
Die Kleinen ...
Die Kindergartenkinder ...
Die Schulkinder ...
Alle, die heute dabei sind ...

Wir alle wollen Danke sagen:
Wir rufen gemeinsam:　… danken wir Gott!
V.:　Für unseren Körper …
　　　　　　　　　　A.: … danken wir Gott!
　　Für unsere Gedanken …
　　　　　　　　　　A.: … danken wir Gott!
　　Für unseren Verstand …
　　Für unser Wissen …
　　Für unser Stimme …
　　Für unser Fühlen …
　　Für unsere Augen …
　　Für unser Gehör …
　　Für unser Lachen …
　　Für unsere Tränen …
　　Für unsere Geschicklichkeit …
　　Für unsere Kraft …
　　Für unsere Ausdauer …
　　Für unsere Gemeinschaft …

Wir sind froh, weil Gott mit uns durchs Leben geht.
Wir rufen gemeinsam:　… macht uns froh!
V.:　Gottes Nähe　　A.: … macht uns froh!
　　Gottes Freundschaft …
　　Gottes Hilfe …
　　Gottes Beistand …
　　Gottes Fürsorge …
　　Gottes Mitleid …
　　Gottes Geist …
　　Gottes Rat …
　　Gottes Liebe …

Wir wollen beten:
Danke, lieber Gott. Wir Menschen sind wunderbar von dir ge-
macht. Aus Liebe gemacht! Du willst auf ewig unser Freund sein.
Dafür danken wir – heute und alle Tage und in Ewigkeit. Amen.

□ „Hallo, hallo, hallo"

Text: Marion Schäl, Musik: Gilbrecht Schäl, © Gerth Medien
Musikverlag, Asslar, aus: Kinder feiern Jesus, Hänssler-Verlag,
Holzgerlingen, 2005, Nr. 8

Bewegungen: bei „Hallo" winken; bei „treffen" mit dem Nachbarn /
der Nachbarin die rechte Hand zusammenpatschen; bei „froh"
Luftsprung machen und dabei Arme hochreißen.

□ „Manno manno Mannomann"

Text Rolf Krenzer / Musik: Detlev Jöcker, aus: Singen & Bewegen, Vol. 3, © Menschenkinder Verlag und Vertriebs GmbH, Münster

1. Was ich kann, kann jeder sehn. Ich kann laufen, ich kann gehn, ich kann sitzen und kann stehn und mich schnell im Kreise drehn.

Refrain: Manno, manno, mannomann, jeder zeigt uns, was er kann! Manno, manno, mannomann, jeder zeigt uns, was er kann.

Unterschiedliches Bewegen im lustbetonten Spiel

2. Ich kann schleichen, wenn ich will,
hocke wie ein Mäuschen still
liege faul wie'n Krokodil,
rase wie ein Ball ins Ziel.

Refrain: Manno, manno, mannomann ...

3. Springe hoch auf einem Bein,
fliege wie ein Vögelein,
hüpfe dann noch querfeldein,
stolper über Stock und Stein.

Refrain: Manno, manno, mannomann ...

*Und nun geht es im Wechsel von Strophe
zu Strophe weiter. Einer beginnt,
und dann zeigen die anderen,
was sie alles können, zum Beispiel:*

4. Schwimmen wie im Hallenbad,
Spurten auf dem Trimm-dich-Pfad,
wie ein Storch durch den Spinat ...
und jetzt weiter mit dem Rad.

Refrain: Manno, manno, mannomann ...

5. Wie ein Pferd jetzt galoppiern,
dann im Gleichschritt losmarschiern,
einfach schlendern und spaziern,
und es auf dem Seil probiern.

Refrain: Manno, manno, mannomann ...

6. Ob man watschelt wie die Gans
oder trödelt wie der Hans,
gar stolziert mit Eleganz:
Wer es nur probiert, der kann's!

Refrain: Manno, manno, mannomann ...

□ „Laudato si"

Text: Winfried Pilz, Musik: Volkslied aus Italien, Rechte: Verlag Haus Altenberg, Düsseldorf, aus: Andreas Ebert (Hg.):Das Kindergesangbuch, Claudius Verlag, München, 1998, S. 294ff

☐ **„He du, hallo du"**
Text: Rolf Krenzer, Musik: Peter Janssens, Rechte: Peter Janssens
Musik Verlag, Telgte, aus: Andreas Ebert (Hg.):Das Kindergesang-
buch, Claudius Verlag, München, 1998, S. 304f

☐ **„Ich geb dir meine Hand"**
Text / Musik: Franz Kett, aus: Religionspädagogische Praxis,
3/1989, S. 18 © RPA-Verlag GmbH, www.rpa-verlag.de

☐ **„Gottes Liebe ist so wunderbar"**
Text: mündlich überliefert, Musik: Spiritual, aus: Elke Hirsch:
Kommt, singt und tanzt. Materialien für Schule und Gemeinde,
Patmos Verlag, Düsseldorf, 1999, S. 64f.

Bewegungen:
Strophen:
– bei den ersten drei „wun-der-bar" auf jede Silbe einmal kurz
  klatschen;
– bei „so wunderbar groß" mit beiden Armen gleichzeitig einen
  großen Kreis beschreiben.
Refrain:
– bei „so hoch" sich auf Zehenspitzen nach oben stecken, dabei
  Arme ganz hoch heben;
– bei „so tief" in die Hocke gehen, Handflächen auf den Boden legen;
– bei „so weit" im Stand Arme ausbreiten;

– bei „so wunderbar groß" mit beiden Armen gleichzeitig einen
großen Kreis beschreiben.

☐ **„Du, Gott, stützt mich"**
Text / Musik: Dorle Schönhals-Schlaudt, Rechte: bei Klangwerk-
statt – Mustiktherapie, Waldems-Esch, aus: Kinderbibelwoche
„Jona. Vom Umgang mit Angst – Ärger – Wut" Amt für Gemeindedienst – Kinderkirche, Nürnberg 1999, S. 64

☐ **„Wir singen alle Hallelu-, Halleluja"**
Text: Rolf Krenzer, Musik: aus Finnland; Rechte: beim Autor, aus:
Bischöfl. Jugendamt Passau (Hg.): Effata 2. Neue religiöse Lieder
für Gottesdienste und Gruppen, Morsak Verlag, Grafenau, 1998

Modell 2: „Mit Jesus unterwegs auf dem Lebensschiff"

Familienwallfahrt zur „Stillung des Seesturms"

■ Vorgeschichte

Wie schon Modell 1 wurde auch Modell 2 für die Dekanatswallfahrt als zusätzliche Familienwallfahrt entwickelt. Diesmal traf das Evangelium vom 12. Sonntag im Jahreskreis, Lesejahr B: Mk 4, 35–41. Die spannende Geschichte vom Seesturm für Kinder aufzubereiten, erschien uns zunächst leicht, doch wollten wir das Wunder nicht zu sehr in den Vordergrund stellen, um Jesus nicht als großen „Zauberer" dastehen zu lassen, der die tosenden Wassermassen zurückverwandelt in den ruhigen See. Und das war gar nicht einfach.

■ Religionspädagogische Überlegungen

Wieder hatten wir überwiegend mit recht kleinen Kindern zu rechnen. Konnte es uns gelingen, ihnen die symbolische Dimension der Geschichte – auf Jesus ist Verlass in den Stürmen des Lebens – nahe zu bringen?

Unser Ziel war, dass die Kinder erkennen konnten: Jesus ist ein starker Freund, der Halt gibt, wenn etwas auf mich zukommt, das mir Angst macht. Jesus wird in dieser Geschichte ja nicht als Steuermann, sondern eher als Rettungsanker gezeigt, der für Halt sorgt.

Als zentrales Symbol diente das Boot, in das Freunde einsteigen, um gemeinsam auf Fahrt zu gehen.

Die Geschichte dieser abenteuerlichen Fahrt auf dem See wollten wir passend zu den drei geplanten Stationen in drei Etappen erzählen und dabei den Teilnehmer/innen unserer Wallfahrt möglichst viel Einfühlung in das Geschehen ermöglichen. Weil wir das Evangelium beim Wortgottesdienst für die neu Hinzugekommenen noch einmal wiederholen mussten, planten wir zur Begleitung des Vortrags Orff-Instrumente ein, damit für die Kinder, die die Geschichte vom Weg her schon kannten, ein Anreiz da war, aufmerksam dabeizubleiben.

■ Materialliste

- **Vortragskreuz**
- **Gitarre zum Umhängen**
- **Liedblätter**
- **Große Bibel mit eingelegter, kindgerechter Fassung des Evangeliums** (im Anhang)
- **Unterwegs-Litanei** (im Anhang)
- **Langes Seil**
- **Ca 10 braune Tücher**
- **Große Hand auf festem Karton**
- **Wachsmalkreiden**
- **Orff-Instrumente**
- **Kinderbänke o. Isomatten**
- **Jesus-Kerze mit Windschutz**
- **Zündhölzer**
- **Bunte Papierquadrate mit Motiv „Anker"** (im Anhang)
- **DIN A3-Zettel mit Wegweiser**
- **Tesa**
- **Tesa-Krepp**

■ Ablauf Modell 2

„Mit Jesus unterwegs auf dem Lebensschiff" Familienwallfahrt mit 3 Stationen und Wortgottesdienst		
Methode / Form	**Texte / Gestaltungselemente**	**Material/ Dauer**
1. Station: Mit Jesus in einem Boot		**15 min**
Singen mit Bewegungen	**Lied „Wir fangen jetzt an"** (siehe Anhang)	Liedblätter, Gitarre
Eröffnungsritual und einleitendes Gespräch	**Begrüßung / Kreuzzeichen** *„Wir wollen zusammen eine Wallfahrt unternehmen. ‚Wallen' ist ein altes Wort für ‚gehen'. Auf eine Wallfahrt nimmt man immer ein großes Kreuz mit. So eines wie das hier. An wen erinnert uns das Kreuz?"* Antwort: Jesus!	Vortragskreuz

	„Es soll uns vorangehen, damit man gleich sieht: Auf unseren Wegen begleitet uns immer unser Freund Jesus." (Kind zum Tragen auswählen. Darauf hinweisen, dass bei der nächsten Station gewechselt wird)	
Aktion	**„Alle ins Boot holen":** *„Ob ihr es glaubt oder nicht, unsere Wallfahrt machen wir heute mit einem Boot. Warst du schon mal auf einem Boot? Was ist das Lustige am Bootfahren? Ist es immer lustig? Bestimmt weißt du, worauf man beim Einsteigen achten muss. Das Einsteigen wollen wir gleich mal üben."* Eltern spannen das Seil in Bootsform; braune Tücher symbolisieren die Seitenwände. Kind mit Vortragskreuz steigt als erstes ins Boot, geht nach vorne und ruft zwei andere Kinder. Diese zwei rufen wieder je zwei usw., bis alle im Boot sind.	Langes Seil, ca. 10 braune Tücher
Erzählen einer Bibel-geschichte, Teil 1	**Einleitung:** *„Wisst ihr, warum wir euch heute alle in ein Boot geholt haben? Das hängt mit der Geschichte zusammen, die wir euch heute auf dem Weg erzählen wollen. Eine Jesus-Geschichte!"* **1. Abschnitt des Tagesevangeliums** (siehe Anhang)	Bibel, eventuell Stichwort-zettel
Imagina-tion	**Impulse zum Aufbruch:** *„Wir wollen jetzt auch ein Stück mit dem Boot fahren. Wir stellen uns vor: Unter uns ist das klare, blaue Wasser. Und wir wollen ans andere Ufer. Bevor wir nun losrudern – mit dem Kreuz, dem Zeichen für Jesus, an der Spitze unseres Bootes – wollen wir Gottes Segen für unsere Fahrt erbitten."*	
Beten	**Wallfahrtssegen:** *„Lasst uns beten: Lieber Gott, durch Jesus sind wir hier in diesem Boot alle verbunden. Weil Jesus unser Freund ist, gehören auch wir alle zusammen.*	

	Wir bitten dich: Lass uns auf unserer Fahrt spüren, wie schön es ist, ein Freund, eine Freundin von Jesus zu sein. *Sei du bei uns mit deinem Schutz und Segen.* *Amen."*	
1. Wegstück		**15 min**
Singen	**Lied „Wir fangen jetzt an"** (siehe Anhang) mit neuem Text, mehrmals wiederholen: 1. Wir fangen jetzt an, / wir fangen jetzt an, / wir gehören zusammen, / das sieht man uns an. 2. Wir fahren jetzt los, / wir fahren jetzt los, / wir gehören zusammen, / die Freude ist groß. 3. Wir fangen jetzt an, / wir fangen jetzt an, / und jeder, der rudert, / der strengt sich jetzt an. 4. Wir fahren jetzt los, / wir fahren jetzt los, / über uns Gottes Segen, / so klappt's ganz famos!	Liedblätter, Gitarre
Beten	**Unterwegs-Litanei** (siehe Anhang)	Textblatt
2. Station: Im Sturm		**20 min**
Gespräch	*„Eine ganze Weile sind wir schon unterwegs. Ihr glaubt vielleicht, wir sind schon am anderen Ufer, aber weit gefehlt: Wir sind jetzt ungefähr in der Mitte des Sees. Und leider wird der Wind immer stärker. Warst du schon mal auf einem Boot oder Schiff, als es plötzlich ganz windig wurde? Wie fühlt sich das an? In den Beinen? Im Kopf? Im Magen? Was passiert, wenn du dich nicht festhalten kannst?"*	
Einfühlübung	**Sturm nachspielen:** *„Wir wollen mal testen, wie wetterfest ihr seid: Welle von vorn* (alle einen Schritt zurück), *von rechts* (Schritt nach links), *Wind dreht, jetzt von links* (Schritt nach rechts), *unser Boot wird hochgehoben, fällt tief nach unten, festhalten, noch mal, jetzt wieder eine Böe von rechts … Oje, das wird ja immer schlimmer. Du kannst dich kaum noch gerade halten. Du suchst Halt beim Nachbarn. Aber dem geht es wie dir. Er kann dir nicht helfen. Hilfe, Hilfe … Aaah, merkst du's? Jetzt lässt der Wind wieder ein bisschen nach, das Schlimmste scheint überstanden..."*	

Erzählen der Bibelgeschichte, Teil 2	**Einleitung:** *„Jetzt will ich euch erzählen, was damals passiert ist, als Jesus und seine Freunde auf dem See von Gennesaret unterwegs waren zum anderen Ufer."* **2. Abschnitt des Tagesevangeliums** (siehe Anhang)	Bibel, eventuell Stichwortzettel
Gespräch	**Austausch mit den Kindern:** *„Eine schlimme Geschichte! Wir waren zwar vorhin nicht wirklich in Gefahr, aber wir wissen alle, wie das ist, wenn man Angst hat. Du hast bestimmt auch schon mal gespürt, wie sich vor Angst dein Magen verkrampft hat, wie dir Tränen in die Augen geschossen sind, und wie du dir nur noch gewünscht hast, das Schlimme möge bald vorbei sein.* (Gespräch mit den Kindern über ihre Ängste. Beispiele sammeln!)	
Beten	*„Überall auf der Welt gibt es jetzt bestimmt Menschen, die sich vor irgendetwas fürchten. Für sie wollen wir jetzt beten und sie dann auf unserem nächsten Stück Weg im Herzen tragen:* *Lieber Gott, sich fürchten müssen ist schrecklich. Wir bitten dich jetzt für alle Menschen, die in diesem Augenblick in Gefahr sind und die große Angst haben. Steh ihnen bei! Wir wollen ihnen jetzt unsere Stimme leihen und auf unserem nächsten Stück Weg für sie ein Lied singen, denn du bist ein guter Freund der Menschen und erbarmst dich derer, die sich fürchten. Amen."*	
2. Wegstück		**15 min**
Singen	**Lied „Aus der Tiefe"** (Bezugsquelle siehe Anhang), mehrmals wiederholen	Liedblatt, Gitarre
3. Station: Die Rettung		**20 min**
Hinführung	**Gedanklicher Impuls:** *„Hast du schon einmal gesehen, was Fischer machen, wenn sie nicht wollen, dass der Wind ihr Boot wegtreibt? (Antwort: Anker werfen!) So ein Anker, der gibt Halt, der verhindert z. B., dass das Boot in die Mitte des Sees getrieben wird. Oder wenn Felsen in der Nähe sind, dass wirft man den Anker, damit der Wind das Boot nicht auf die Felsen wirft. In gefährlichen Situationen,*	Anker (z. B. aus Pappmaschee)

	kann so ein Anker wirklich die Rettung sein. Deshalb spricht man auch von einem Rettungsanker, wenn einem plötzlich eine Idee kommt, die einem aus einer gefährlichen Situation hilft. Oder von einem Hoffnungsanker, wenn man sich an etwas oder jemanden klammert, weil man hofft, dass man so Hilfe bekommt. Und manchmal wird so ein Hoffnungsanker dann tatsächlich zum Rettungsanker."	
Erzählen der Bibelgeschichte, Teil 3	**3. Abschnitt des Tagesevangeliums** (siehe Anhang)	Bibel, eventuell Stichwortzettel
Singen	**Kanon „Das wünsch' ich sehr"** (Bezugsquelle siehe Anhang)	Liedblätter, Gitarre
Beten	*„Lasst uns beten. Himmlischer Vater, nicht immer gelingt es uns, dir so zu vertrauen, wie Jesus es getan hat. Deshalb bitten wir: Hab Geduld mit uns und lass uns immer wieder spüren: Deine Liebe trägt und hält uns – jetzt und alle Zeit. Amen."*	
Singen	**Lied „Du, Gott, stützt mich"** (siehe Anhang Modell 1, S. 80), erst langsam, dann immer schneller und lauter singen, abschließend wieder leiser, langsamer, ganz leise verklingen lassen.	Liedblätter, Gitarre
Kurze Pause		
Wortgottesdienst (möglichst auf einer Wiese im Kreis um eine gestaltete Mitte herum)		**30 min**
Singen mit Bewegungen	**Lied „He du, hallo du"** (Bezugsquelle siehe Anhang)	Liedblätter, Gitarre
Eröffnungsritual	**Begrüßung / Kreuzzeichen,** dazu Jesuskerze in der Mitte entzünden	Jesuskerze auf großem Tuch, Zündhölzer
Wiederholung im Gespräch	**Rückbesinnung:** Kinder erzählen von der Fahrt auf dem Boot.	

Singen mit Bewegungen	**Lied „Dass Gott sich daran freut"** (siehe Anhang), Vorsänger / alle im Wechsel	Liedblätter, Gitarre
Beten	**Gebet:** *„Lasst uns beten. Lieber Gott, Große, aber vor allem Kleine, sind heute aus den verschiedensten Richtungen zusammengekommen, um zu feiern, dass du immer der beste Freund der Menschen sein willst. Deshalb bitten wir dich, sei du in unserer Mitte, stärke uns mit deiner froh machenden Nähe, damit wir die neue Woche fröhlich beginnen können mit Christus, unserm Herrn und Retter. Amen."*	
Singen	**Lied „Hallelu-, Hallelu-, Halleluja"** ((Bezugsquelle siehe Anhang)	Gitarre (Liedblätter nicht erforderlich)
Lesung mit akustischer Untermalung	**Evangelium vom Tag, Mk 4,35–41**, dazu **Untermalung mit Orffinstrumenten,** kindgerechte Textfassung mit Impulsen zur Vertonung (siehe Anhang),	Bibel, Lesungstext eingelegt, Orff-Instrumenten
Überleitung	*„Diese liebevolle Kraft, welche von Gott ausgeht, die ist etwas ganz Wunderbares. Manchmal, in seltenen Augenblicken, da kann man sie spüren bis ganz tief ins Herz hinein. Meistens bemerken wir sie aber gar nicht, obwohl sie immer da ist. Dafür, wie das ist, wenn Gott uns liebevoll mit seiner Kraft umfangen hält, haben sich die Menschen immer wieder Bilder ausgedacht, die uns helfen, Gottes Wirken besser zu verstehen. Man kann z. B. sagen: So wie ein Anker das Boot hält (Anker ablegen) oder wie Papa oder Mama ihr Kind an der Hand halten (große Hand ablegen), so hält Gott uns in seiner großen Hand. Die Hand Gottes gibt uns Halt wie ein Papa oder eine Mama. Oder wie ein Anker."*	Anker, große Hand aus festem Karton

Einfühl-übung mit leiser Musik	**Kuschelübung:** *„Liebevoll gehalten zu werden, wenn man Angst hat, das tröstet und tut gut. Und auch wenn man keine Angst hat, ist so ein bisschen Kuscheln sehr schön. Da wirkt die Liebeskraft. Damit du das selber spüren kannst, wollen wir jetzt im Arm von Mama oder Papa eine kleine Kuschelminute einlegen.“* **Lied „Das wünsch' ich sehr"** dazu summen.	Gitarre
Zeichnen	**Gestaltung der „haltenden Hand Gottes"** Kinder zeichnen (bei Bedarf mit Hilfe der Eltern) die Umrisse der eigenen Hand in die große Kartonhand und schreiben ihren Vornamen hinein.	Wachs-mal-kreiden
Beten mit Liedruf	**Freie Fürbitten:** *„Wir wollen nicht vergessen, für die zu beten, die allen Grund haben, sich vor etwas zu fürchten, die also dringend einen Rettungsanker brauchen.* *Für sie wollen wir so einen Anker in die Hand Gottes legen.* *Ich zum Beispiel möchte bitten für alle Kinder, die eine schlimme Krankheit haben.“* **Nach jeder Bitte: Liedruf „Herr, erbarme dich"** (Bezugsquelle siehe Anhang) **Abschließendes Gebet:** *„Lieber Gott, diese ausgesprochenen Bitten und alle Bitten, die wir noch im Herzen tragen, vertrauen wir dir an, denn du bist gut und hast uns lieb. Für deine helfende Hand danken wir dir, mit der du uns hältst – jetzt und in Ewigkeit. Amen“*	Kleine Anker auf bunten Papier-quadraten, Tesa zum Fixieren
Singen	**Lied „Er hält das Leben in der Hand"** (Bezugsquelle siehe Anhang)	Liedblätter, Gitarre
Ab Gabenbereitung Teilnahme am Gemeindegottesdienst!		

Anhang

■ Grafiken

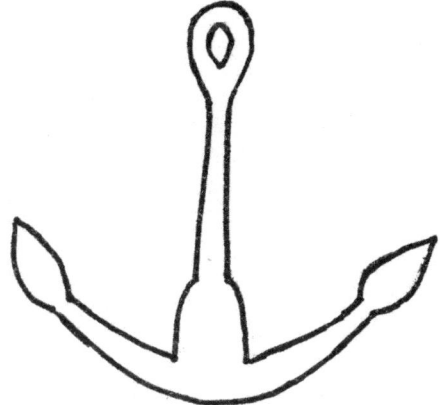

■ Texte

□ Die Stillung des Seesturms, frei erzählt nach Mk 4, 35–41

1. Abschnitt des Tagesevangeliums: *Mit Jesus in einem Boot*	Instrumente
Wisst ihr, warum wir euch heute alle in ein Boot geholt haben? Das hängt mit der Geschichte zusammen, die wir euch heute auf dem Weg erzählen wollen. Eine Jesus-Geschichte.	
Ihr habt vielleicht schon mal gehört, dass einige der Freunde von Jesus Fischer waren. Und Fischer brauchen natürlich ein Boot. Einmal hat Jesus am Ufer des Sees, in dem seine Freunde immer fischten, viele Menschen um sich gesammelt und hat ihnen Geschichten erzählt, Geschichten über Gott, über das Himmelreich und wie die Menschen durch Gottes Hilfe mitbauen können am Himmelreich. Die Menschen mochten es gerne, wenn Jesus so erzählte. Das war spannend und interessant. Und die Stimmung war gut. Jeder versuchte plötzlich, nett zu den anderen zu sein. Das war immer fast schon ein bisschen himmlisch. Deshalb kamen immer mehr Menschen. Immer mehr und mehr. Da sagte Jesus zu seinen Freunden:	Metallklangstab für **Jesus** (ev. Triangel od. Klangschale oder Gong) (pentatonisches) Glockenspiel, Xylofonklangstäbe: ruhige, weiche Töne Fußgetrappel aller Kinder

„Das ist so ein Gedränge hier. Und ich muss so laut schreien, damit mich die hinten verstehen. Bitte kommt alle mit mir in eins von euren Booten. Dann rudern wir ein bisschen vom Ufer weg, so weit, dass mich die Leute am Ufer alle gut sehen und hören können. Gesagt, getan! Jesus holte alle seine Freunde ins Boot und sie fuhren ein bisschen hinaus. Von dort aus erzählte er den Menschen stundenlang eine Geschichte nach der anderen. Bis es Abend wurde. Da sagte Jesus: „So, genug für heute. Wir sind alle müde. Wir wollen an das andere Ufer hinüberfahren."	Metallklangstab für **Jesus** Handtrommel: kurze Schläge für das Einsteigen der Jünger ins Boot Metallklangstab
2. Abschnitt des Tagesevangeliums: *Ein Sturm kommt auf*	
Es ist ja schon unangenehm in so einem Boot, wenn es windig ist. Aber wie schlimm ist es erst, wenn ein Sturm kommt. Und genau das ist Jesus und seinen Freunden passiert. Erst waren sie eine Zeit lang so dahingerudert, ganz gemütlich. So gemütlich, dass Jesus sogar eingeschlafen ist. Er war so erschöpft von dem vielen Reden, dass er gar nicht gemerkt hat, wie es allmählich immer windiger wurde. Die Freunde haben einander ganz besorgt angeschaut. Aber zum Umkehren war es zu spät. Sie mussten irgendwie das andere Ufer erreichen. Aber der Wind wurde stärker und stärker. Sie kamen kaum mehr vorwärts. Auch hatten sie bald überhaupt keine Kraft mehr zum Rudern. Das Boot wurde von den Wellen hin- und hergeworfen. Und der Wind wurde zum Sturm. Das Wasser, das zuvor noch so wunderschön in der Sonne gefunkelt hatte, war tiefschwarz. Eisigkalt schwappte es über die Bordwand. Als erfahrene Fischer wussten die Jünger: Sie waren in Lebensgefahr. Wenn das Boot kippte, waren sie verloren. Damals konnten die Wenigsten schwimmen. Aber das war sowieso egal. Bei diesen hohen Wellen bedeutete der Sturz in die Fluten den sicheren Tod. Bei jeder Welle stieg das Boot erst hoch und fiel dann ganz tief wieder hinunter. Und im Fallen wussten sie nie, ob das Wasser nun ihr Grab werden würde. Und sie schrien in ihrer Todesangst: „Herr, aus der Tiefe rufen wir zu dir. Hör unser Flehen! Rette uns, rette uns! Lass uns nicht untergehen.	Metallklangstab für **Jesus** ***Wind: Blasen und Pfeifen aller Kinder,*** immer lauter werden. Dazu Regenmacher, Rasseln, Schellentrommel... Ev. mit Holzstäben oder ähnlichen Instrumenten das Pochen der Herzen schlagen ***Wellen:*** Rasseln, Schellenringe, Hand-trommeln, ev ein Becken stellen das Zunehmen und Abnehmen der Wellen, das Steigen und Fallen des Bootes dar. **Hilferufe aller Kinder**

3. Abschnitt des Tagesevangeliums: *Die Rettung*

Bestimmt wollt ihr jetzt wissen, wie die Geschichte weitergegangen ist. Jetzt war also dieser schreckliche Sturm. Den Anker des Bootes zu werfen, hätte in dem Fall nichts genützt, weil die hohen Wellen das Boot trotzdem umgeworfen hätten. Keiner hatte die rettende Idee, was ihnen nun helfen konnte, was so ein Rettungsanker hätte sein können. Alle schrien verzweifelt durcheinander. Nur einer bekam von alledem nichts mit. Er lag nämlich zusammengekauert am Boden des Bootes auf einem großen Kissen, das die Stöße ein wenig dämpfte, und schlief tief und fest: Jesus! Da packte einer der Freunde Jesus und schüttelte ihn: „Jesus, wach auf!" schrie er ihn an. „Kümmert es dich denn gar nicht, dass wir untergehen? Hilf uns!" Und Jesus richtete sich auf. Er schaute sich um. Dann hob er die Hand gegen den Wind und sagte. „Schweig still!" Und der Wind legte sich. Und es trat völlige Stille in! (– Stille! –)	**Ev. Rufe aller Kinder** *Dazu ruhig* Metallklangstab für **Jesus** Handtrommel oder Schelle laut (Drei Mal) Metallklangstab **Jesus** ruhig Plötzliche Stille
Und voll Staunen sagten die Freunde: „Was ist Jesus für ein Mensch, dass ihm sogar der Wind und der See gehorchen?" Da spürten sie wieder einmal etwas von dem Geheimnis, das Jesus umgab. Sie spürten, dass er etwas ganz Besonderes war. In ihm hatten sie den Rettungsanker gefunden. Jesus selbst war dieser Anker. Aber jeder Anker braucht einen Grund, wo er sich einhaken kann. Jesus ist der Anker, der sich in der Liebe festhält, in der Liebe, die von Gott kommt und die uns auch in der größten Not umfängt. Und weil er darauf vertraut hat, dass diese Liebe mehr vermag, als wir uns jemals denken können, hatte er die Kraft und den Mut selbst diesem schlimmen Sturm entgegenzutreten.	Glockenspiel, hell klingende Instrumente, leise Dazu Metallklangstab **Jesus**
Wie gut, wenn man in der Not einen Freund hat wie Jesus, auf den man sich verlassen kann und der zum Rettungsanker wird.	Instrumente werden lauter und klingen langsam ab

Diese Geschichte eignet sich sehr gut zum Begleiten mit Körperinstrumenten und oder einfach zu handhabenden Orff-Instrumenten, wie z. B. Rasseln, Handtrommeln, Triangeln, Zimbeln, Klangstäben. Der Fantasie sind keine Grenzen gesetzt. Kinder können auch selbst gebastelte Instrumente mitbringen, falls vorhanden. Während die Textstelle erzählt wird, können die Instrumente von Erwachsenen oder größeren Schulkindern erklingen. Diese Begleiter brauchen jeweils ein Einsatzsignal von einer Person für ihr Instrument. Das kann der/die Erzähler/in sein, bewährt hat sich jedoch, dafür eine andere Person des Teams zu autorisieren. Kleine Kinder sind überfordert, wenn sie die Geschichte zum ersten Mal hören. Die jüngeren Kinder können mit Körperinstrumenten miteinbezogen werden. Sie dürfen z. B. das Aufkommen des Windes bis zum Sturm durch lauter werdendes Blasen und Pfeifen begleiten.

Durch den Einsatz von Instrumenten an geeigneten Textstellen werden Gefühle und Empfindungen noch intensiver wahrgenommen, hörbar gemacht.

Man muss sich im Vorfeld überlegen, welche Instrumente zur Verfügung stehen, zu den Personen und Situationen passen und an den entsprechenden Textstellen zum Einsatz kommen. Welches z. B. für Jesus, welches für die Jünger, für die Angst und Hilflosigkeit, für das Unwetter und die Wellen in Frage kommt. Die in unserem Beispiel verwendeten Instrumente sind Anregungen, sollten je nach eigenen Voraussetzungen geändert werden. Der Kreativität sind dabei keine Grenzen gesetzt.

☐ Unterwegs-Litanei

V.: Mit Jesus haben wir uns auf den Weg gemacht. Sein Zeichen, das Kreuz, geht uns voran.
Und so sind wir unterwegs mit Jesus.
Wir wiederholen alle: … sind wir unterwegs mit Jesus.
V.: Als seine Freunde und Freundinnen …
A.: … sind wir unterwegs mit Jesus.
Als Große und Kleine …
A.: … sind wir unterwegs mit Jesus
Um ihn zu verstehen …
Um von ihm zu lernen …

Um auf ihn zu hören ...
Um ihm zu folgen ...
Aus Städten und Dörfern ...
Auf Straßen und Pfaden ...
Auf Brücken und Stegen ...
Durch Wälder und Wiesen ...
An diesem Morgen ...

V.: Jesus will unser Freund sein. Deshalb dürfen wir ihn um
vieles bitten:
Um seine Hilfe bitten wir Jesus.
Wir rufen alle: ... bitten wir Jesus.
Um den Willen, das Gute zu tun, ...
                 A.: ... bitten wir Jesus.
Um das Gespür, das Richtige zu tun , ...
                 A.: ... bitten wir Jesus.
Um den Mut, zum Falschen nein zu sagen , ...
Um die Kraft, Schweres zu ertragen, ...
Weil er zu uns steht, ...
Weil er unsere Schwächen kennt, ...
Weil er für uns da sein will, ...
Weil er Wunden heilen kann, ...
Weil er Tränen trocknen kann, ...
Weil er Freude in unsere Herzen legen kann, ...
Weil er uns Vorbild sein kann, ...

V.: Jesus, unserem guten Freund, wollen wir Danke sagen:
Wir rufen gemeinsam: ... danken wir Jesus!
V.: Für seine Nähe ...
                 A.: ... danken wir Jesus.
Für seine Geduld ...
                 A.: ... danken wir Jesus.
Für sein Mitleid ...
Für seine Tatkraft ...
Für seinen Beistand ...
Für seine Liebe ...
Weil er unterwegs ist mit uns, ...

V.: Wir wollen beten:
Guter Gott, du hast uns Jesus zum Freund gegeben, damit er
uns auf all unseren Wegen begleitet. Nie sind wir allein unterwegs. Dafür sei dir Lob und Preis und Ehre – jetzt und alle
Zeit. Amen.

■ **Lieder**

☐ **„Wir fangen jetzt an"**

Text / Musik: Rosa Bichler, aus: Barbara Ort, Ludwig Rendle (Hg.):
fragen – suchen – entdecken 1 – Arbeitshilfen, Reihe: Religion in
der Grundschule, Kösel Verlag, München, und Auer Verlag, Do-
nauwörth, 2002, S. 53

1. Wir fangen jetzt an! Wir fangen jetzt an!
   Und ein jeder im Kreis spielt mit, wie er kann,
   und ein jeder im Kreise spielt mit, wie er kann.
   So-so! Ja-ja! Hm-hm! (Sch klatscht)
   So-so! Ja-ja! Hm-hm! (Alle klatschen)

2. Wir fangen jetzt an! Wir fangen jetzt an!
   Und ein jeder spielt mit, weil ein jeder was kann,
   und ein jeder spielt mit, weil ein jeder was kann.
   So-so! Ja-ja! Hm-hm! (Sch schnippt)
   So-so! Ja-ja! Hm-hm! (Alle schnippen)

Beide Strophen wiederholen – zum Abschluss:

3. Wir fangen jetzt an! Wir fangen jetzt an!
   Wir gehören zusammen, das sieht man uns an,
   wir gehören zusammen, das sieht man uns an.
   So-so! Ja-ja! Hm-hm! (Hände reichen und ...)
   So-so! Ja-ja! Hm-hm! (... schwingen).

☐ **„Aus der Tiefe rufe ich zu dir"**
Text: Uwe Seidel, Musik: Oskar Gottlieb Blatt, Rechte: beim Autor,
aus: Gotteslob, Katholisches Gebet und Gesangbuch. Ausgabe für
das Erzbistum München und Freising, Verlag St. Michaelsbund,
München Nr. 942,, S. 1021

☐ **„Das wünsch ich sehr"**
Text: Kurt Rose, Musik: Detlev Jöcker, Rechte: Menschenkinder
Verlag, Münster, aus: Gertrud Miederer, Heinz Rehlen, Norbert
Weidinger (Hg.): Mitten unter uns. Ökumenisches Gebete- und
Liederbuch für die Grundschule, Verlag Moritz Diesterweg, Braun-
schweig, und Don Bosco Verlag, München, 2004, S. 114

☐ **„Du, Gott, stützt mich"**
Siehe Anhang Modell 1, S. 80

☐ **„He du, hallo du"**
Text: Rolf Krenzer, Musik: Peter Janssens, Rechte: Peter Janssens
Musik Verlag, Telgte, aus: Andreas Ebert (Hg.): Das Kinderge-
sangbuch, Claudius Verlag, München, 1998, S. 304f

☐ **„Dass Gott sich daran freut"**

Text: Rolf Krenzer, Musik: Anke Voss/Detlev Jöcker, aus: Rolf Krenzer: „Wir kleinen Menschenkinder", © Menschenkinder Verlag und Vertriebs GmbH, 1995, Münster, S. 42

2. Wir stampfen mit den Füßen
   und alle stampfen mit.
   Ja, stampft mit euren Füßen
   und singt für Gott ein Lied.
   Refrain: Große Leut',
   kleine Leut',
   singen heut, stampfen heut.
   Große Leut',
   kleine Leut',
   daß Gott sich daran freut.

3. Wir hören mit den Ohren
   und alle hören mit.
   Ja, hört mit euren Ohren
   und singt für Gott ein Lied.
   Refrain: Große Leut',
   kleine Leut',
   singen heut, hören heut.
   Große Leut',
   kleine Leut',
   daß Gott sich daran freut.

☐ **„Hallelu, hallelu"**
Text / Musik: Günther Kutz, Rechte: KIM-Zentrale, Ingolstadt,
aus: Gertrud Miederer, Heinz Rehlen, Norbert Weidinger (Hg.):
Mitten unter uns. Ökumenisches Gebete- und Liederbuch für die
Grundschule, Verlag Moritz Diesterweg, Braunschweig, und Don
Bosco Verlag, München, 2004, S. 128

☐ **„Herr, erbarme dich"**
Text: Liturgie, Musik: Peter Janssens, Rechte: Peter Janssens
Musik Verlag, Telgte, aus: Andreas Ebert (Hg.): Das Kinderge-
sangbuch, Claudius Verlag, München, 1998, S. 326

☐ **„Er hält das Leben"**
Text: Ernst Bader, Musik: Bearb. Horst Wende, Rechte: Master-
phon Musikverlag GmbH, Bergisch Gladbach, aus: Bischöfl. Jugendamt Passau (Hg.): Effata. Neue religiöse Lieder für Gottesdienste und Gruppen, Passavia Verlag, Grafenau, 1990

Modell 3: „Habt keine Angst, ich bin bei euch!"

Familienwallfahrt zur „Stillung des Seesturms"

▨ Vorgeschichte

Alle drei Jahre wiederholt sich die sonntägliche Leseordnung. Es kann also passieren, dass auf eine Wallfahrt, die Jahr für Jahr um die gleiche Zeit stattfindet, nach drei Jahren ein Evangelium trifft, das man schon einmal verwendet hatte. Dass dies kein Grund zum Stöhnen ist, zeigt diese Variante zur Seesturm-Geschichte.

▨ Religionspädagogische Überlegungen

Diesmal wollten wir das Gewicht darauf legen, wie verschieden Menschen in ihrer Angst reagieren. Die Kinder sollten erkennen: Jesus ist für mich da, hört mein Rufen und hilft mir – egal, was für ein Typ Mensch ich bin. Zaudernd und schnell am Aufgeben? Oder mutig und stark? Oder temperamentvoll und rasch zornig? Egal – er hält zu mir. Auf ihn ist Verlass!

Um die Geschichte zu visualisieren, wollten wir diesmal biblische Erzählfiguren zum Einsatz bringen. (Solche Figuren sind mittlerweile oft in Pfarreien vorhanden oder können von Religionslehrern / -lehrerinnen ausgeliehen werden; die Anschaffung ist allerdings teuer!)

Aus organisatorischen Gründen hatten wir diesmal weniger Zeit als sonst. Deshalb sind die Stationen nicht so umfangreich gestaltet.

▨ Materialliste

- **Vortragskreuz**
- **Gitarre zum Umhängen**
- **Liedblätter**
- **Bibel**
- **Textblatt „Mut-Mach-Gebet"** (im Anhang)
- **Regenmacher**
- **Leere Plastikflaschen zum Wind-Machen**
- **Ein Stück Blech für Donner** (eventuell Arbeitshandschuhe, wenn Blech scharfkantig)
- **Weitere Requisiten zum Geräusche-Machen**

- **Blaue Tücher**
- **Großes Boot aus Karton**
- **Erzählfiguren: Jesus, 9–12 Apostel**
- **Kinderbänke o. Isomatten**
- **Jesus-Kerze mit Windschutz**
- **Zündhölzer**
- **Tablett mit ca 10–12 Teelichtern in Gläsern**
- **Anzündwachs oder lange, schmale Kerze**
- **Vortragskreuz**
- **DIN A3-Zettel mit Wegweiser**
- **Tesa-Krepp**

■ Ablauf Modell 3

„Habt keine Angst – ich bin bei euch!" Familienwallfahrt mit 3 Stationen und Wortgottesdienst		
Methode / Form	**Texte / Gestaltungselemente**	**Material/ Dauer**
1. Station: Die Verzweifelten und ihre Angst		**15 min**
Singen mit Bewegungen	**Lied „Wir fangen jetzt an"** (siehe Anhang Modell 2, S. 95)	Liedblätter, Gitarre
Eröffnungsritual und einleitendes Gespräch	**Begrüßung / Kreuzzeichen** *„Wir werden unterwegs sein mit Jesus, das sieht man an diesem Holzkreuz. Es wird uns immer vorangehen. Dieses Zeichen verbindet uns als Freunde und Freundinnen von Jesus, die zusammengehören, wie wir gerade gesungen haben. Und deshalb machen wir nun auch das Kreuzzeichen über unserem Körper ..."*	Vortragskreuz
Hinführung und Gespräch	**Boot und Jünger vorstellen:** *„Auf unserem Weg werden wir heute nicht nur ein Kreuz mittragen, sondern auch ein Boot. Auf dem Boot sind Leute. Und kannst dir sicher denken, wer diese Leute sind ..."*	Langes Seil, ca. 10 braune Tücher
Erzählen einer Bibelgeschichte	**Tagesevangelium Mk 4, 35–41**, frei erzählt; Kinder dürfen die Geräusche machen: Wind, Donner, Regen ...	Stichwortzettel;

		Utensilien zum Ge- räusche- Machen
Übung, Teil 1 mit Visuali- sierung	**Einfühlübung „Verzweifelt sein":** *„So ein schlimmer Sturm kann gehörig Angst ma- chen. Angst hat in so einer gefährlichen Situation sicher jeder Mensch. Aber wir Menschen gehen sehr verschieden mit dieser Angst um. Und das war sicher damals bei Jesus auf dem Boot genau- so. Vielleicht gelingt es uns auf unserem Weg heute, uns hineinzufühlen in die Menschen damals und nachzuempfinden, wie verschieden man in der Angst reagieren kann. Hier an unserer ersten Sta- tion wollen wir uns in diejenigen hineindenken, die immer gleich das Schlimmste befürchten. Deshalb ist ihre Angst auch besonders groß."* Mit Kindern überlegen, was man bei großer Angst macht: zittern, mit den Zähnen klappern, sich an andere klammern … Kinder dürfen mit 1 Drittel der Figuren die Verzwei- felten spielen, die anderen machen die Geräusche. **Fazit:** *„Wenn man sich so schrecklich fürchtet, wünscht man sich von Herzen: Einer soll bei mir sein, ein ganz Starker. Einer, der mit der Situation umzugehen weiß. Einer, der überzeugend sagt: Du brauchst dich nicht zu fürchten!"*	3–4 Er- zähl- figuren Körperins- trumente
Singen	**Kanon „Das wünsch' ich sehr"** (Bezugsquelle siehe Anhang)	Lied- blätter, Gitarre
Übung, Teil 2 mit Visuali- sierung	**Jesusfigur einführen:** *„Jesus ist so ein Freund, der immer bei uns ist und uns die Angst nehmen will."*	Jesus- Figur
Beten	*„Lieber Gott, in der Bibel steht ganz oft der Satz ‚Fürchtet euch nicht!' Das bedeutet: Du willst uns Menschen unsere Ängste nehmen. Du versprichst, dass du immer bei uns bist. Wir bitten dich jetzt für alle Menschen, die im Augenblick in Gefahr sind und große Angst haben: Steh ihnen bei. Amen. Wir wollen allen Ängstlichen jetzt unsere Stimme leihen und auf unserem Weg ein Lied für sie singen."*	

Anleitung	**Überleitung zum Aufbruch:** Kinder auswählen, die die Figuren, das Kreuz, die Bibel, eventuell Kerzen tragen; Prozessionsordnung bekannt geben	Alle Gegenstände, die auf dem Weg mitgetragen werden
1. Wegstück		**15 min**
Singen	**Lied „Aus der Tiefe"** (siehe Anhang Modell 2, S. 95), mehrmals alle Strophen durchsingen	Liedblätter, Gitarre
2. Station: Die Mutigen und ihre Angst		**15 min**
Übung mit Visualisierung	**Einfühlübung „Mutig sein":** *„Manche Menschen klappern in gefährlichen Situationen nicht mit den Zähnen. Sie haben zwar auch Angst, aber sich beißen die Zähne fest zusammen. Sie stellen sich mutig der Gefahr entgegen. Sie versuchen, aus eigener Kraft mit allem Schrecklichen fertig zu werden."* Kinder spielen nun mit 1 Drittel der Figuren die Mutigen, mit einem Drittel die Verzweifelten.	Die Figuren von der 1. Station und weitere 3–4
Beten	*„Lieber Gott, auch die Mutigen spüren, dass sie nicht jeder Gefahr aus eigener Kraft trotzen können. Auch sie spüren Angst. Deshalb bitten wir dich: Manche Menschen brauchen sehr viel Mut und Kraft. Sie müssen etwas Schlimmes aushalten. Oder eine schwere Aufgabe bewältigen. Oder anderen helfen, welche nicht allein klar kommen. Bitte, steh, ihnen bei. Lass sie spüren, dass du an ihrer Seite bist. Amen."*	
Singen	**Lied „Wenn ich Angst hab"** (siehe Anhang), 3x durchsingen	Liedblätter, Gitarre
2. Wegstück		**15 min**
Singen	**Lied „Du, Gott, stützt mich"** (siehe Anhang Modell 1, S. 80), mehrmals wiederholen	Liedblatt, Gitarre
Beten	**„Mut-Mach-Gebet"** (siehe Anhang), 4 größere Kinder lesen je eine Strophe am Mikro, nach je zwei Strophen **Lied „Gott geht mit"** (Bezugsquelle siehe Anhang)	Textblatt

3. Station: Die Zornigen und ihre Angst		15 min
Übung, Teil 1	**Einfühlübung „Zornig sein":** *„Nun haben wir anfangs die in den Blick genommen, die sich schnell fürchten und deshalb auch schnell verzweifeln. Dann haben wir an die Tapferen und Mutigen gedacht. Aber da gibt es noch andere. Die klappern nicht mit den Zähnen. die beißen auch nicht die Zähne zusammen. Die werden zornig und schimpfen laut los: Was soll denn das. Warum hilft denn keiner? So ein Mist!"* Körperübung: 1) zornig schauen; 2) Zorn auch mit den Armen / Händen ausdrücken, 3) Zorn mit den Füßen ausdrücken.	Die Figuren von den ersten Stationen und weitere 3–4
Singen	**Kanon „Das wünsch' ich sehr"** (Bezugsquelle siehe Anhang), aber diesmal ganz zornig singen.	Liedblätter, Gitarre
Übung, Teil 2 mit Visualisierung	Figuren so ins Boot stellen, dass sich die Zornigen vor Jesus aufbauen. Szene spontan spielen lassen.	
Kurzkatechese	*„Auch Zorn darf manchmal sein. Gerade, wenn jemand helfen könnte, und dieser Jemand rührt sich nicht. Doch man muss Jesus hier richtig verstehen. Er will zeigen: ‚Eigentlich bräuchtet ihr meine Hilfe gar nicht. Wenn ihr so sehr auf den Vater im Himmel vertrauen würdet wie ich, dann müsstet ihr keine Angst haben."* Aber wir Menschen sind nun mal so: Wir fürchten uns trotzdem – und rufen um Hilfe! Und deshalb hört Jesus unser Rufen. Das Rufen des Verzweifelten. Das Rufen des Tapferen. und sogar das Rufen des Zornigen. Jesus hört es – und hilft. Hauptsache, wir vergessen nicht: Da ist einer, der uns helfen will und kann."*	
Beten	*„Lasst uns beten. Himmlischer Vater, nicht immer gelingt es uns, dir so zu vertrauen, wie Jesus es getan hat. Deshalb bitten wir: Hab Geduld mit uns und lass uns immer wieder spüren: Deine Liebe trägt und hält uns – jetzt und alle Zeit. Amen."*	

Singen	**Lied „Du, Gott, stützt mich"** (siehe Anhang Modell 1, S. 80), erst langsam, dann immer schneller und lauter singen, abschließend wieder leiser, langsamer, ganz leise verklingen lassen.	Liedblätter, Gitarre
Kurze Pause		
Wortgottesdienst (möglichst auf einer Wiese im Kreis um eine gestaltete Mitte herum)		**25 min**
Eröffnungsritual	**Begrüßung / Kreuzzeichen,** dazu Jesuskerze in der Mitte entzünden	Jesuskerze auf großem Tuch, Zündhölzer
Singen mit Bewegungen	**Lied „Lasst uns miteinander"** (Bezugsquelle siehe Anhang)	Liedblätter, Gitarre
Singen mit Bewegungen	**Lied „Große Leut', kleine Leut'",** Vorsänger / alle im Wechsel	Gitarre, Liedblätter
Beten	**Gebet:** *„Lasst uns beten.* *Lieber Gott, Große, aber vor allem Kleine, sind heute aus den verschiedensten Richtungen zusammengekommen, um zu feiern, dass du immer der beste Freund der Menschen sein willst.* *Deshalb bitten wir dich, sei du in unserer Mitte, stärke uns mit deiner froh machenden Nähe, damit wir die neue Woche fröhlich beginnen können mit Christus, unserm Herrn und Retter. Amen."*	
Singen	**Lied „Hallelu-, Hallelu-, Halleluja"** (Bezugsquelle siehe Anhang)	Gitarre (Liedblätter nicht erforderlich)
Lesung mit Visualisierung	**Evangelium vom Tag, Mk 4,35–41,** frei erzählt (Bezugnahme auf die drei Typen von Ängstlichen: *„Die einen, die fürchteten sich ganz schrecklich, klapperten mit den Zähnen, hielten sich verzweifelt an einander fest …"*), dazu wird die Geschichte von den Kindern mit den Figuren spontan gespielt.	Boot, alle Figuren, Utensilien zum Geräusche machen

Gespräch	**Transfer:** *„Bestimmt hast du auch manchmal Angst."* Kinder dürfen erzählen.	
Beten mit Liedruf	**Freie Fürbitten mit Teelichtern:** *„Es gibt viele Menschen, die heute Angst haben. An sie wollen wir nun denken und sie der Hilfe Gottes anvertrauen. Jedes Licht, das wir ins Boot stellen, soll ein Hoffnungszeichen sein für all die vielen Ängstliche, die wir nun im Gebet vor Gott bringen.* Während das Licht ins Boot gestellt wird, singen wir den **Liedruf „Herr, erbarme dich"** (Bezugsquelle siehe Anhang). **Abschließendes Gebet:** *„Lieber Gott, diese ausgesprochenen Bitten und alle Bitten, die wir noch im Herzen tragen, vertrauen wir dir an, denn du bist gut und hast uns lieb. Dafür, dass du unsere Ängste ernst nimmst, danken wir dir,– jetzt und in Ewigkeit. Amen"*	Tablett mit Teelichtern in Gläsern, Anzündwachs oder lange, schmale Kerze
Singen mit Bewegungen	**Lied „Gottes Liebe ist so wunderbar"** (Bezugsquelle und Bewegungsanleitung siehe Anhang)	Gitarre
Ab Gabenbereitung Teilnahme am Gemeindegottesdienst!		

Anhang

■ Texte

☐ Mut-Mach-Gebet
Manchmal fühle ich mich ganz klein,
manchmal bin ich ganz schrecklich allein,
manchmal wird mir alles zu viel,
manchmal erreiche ich nicht mein Ziel.

Manchmal wünsch' ich mir einen Freund,
der mit mir den Traum von der Hoffnung träumt,
manchmal glaub ich, er ist mir ganz nah.
Und plötzlich spür ich: Gott ist immer da.

Er lässt meine Augen das Unrecht sehn.
Er tröstet: Durch mich muss kein Wunder geschehn.
Und dann bekomm' ich ganz schrecklich viel Mut
und spür in mir drin: Gottes Nähe tut gut!

Gott stärkt mir den Rücken, wenn ich mich verbiege.
Er hilft in den Stand, wenn am Boden ich liege.
Von ihm kommt die Kraft, nach dem Guten zu streben.
Von ihm kommt der Rat, aus der Liebe zu leben.

■ Lieder

□ „Wir fangen jetzt an"
Siehe Anhang Modell 2, S. 95

□ „Das wünsch ich sehr"
Text: Kurt Rose, Musik: Detlev Jöcker, Rechte: Menschenkinder Verlag, Münster, aus: Gertrud Miederer, Heinz Rehlen, Norbert Weidinger (Hg.): Mitten unter uns. Ökumenisches Gebete- und Liederbuch für die Grundschule, Verlag Moritz Diesterweg, Braunschweig, und Don Bosco Verlag, München, 2004, S. 114

□ „Aus der Tiefe rufe ich zu dir"
Siehe Anhang Modell 2, S. 95

□ „Wenn ich Angst hab"
Text / Musik: Gertrud Lorenz, Rechte bei der Autorin

□ „Du, Gott, stützt mich"
Siehe Anhang Modell 1, S. 80

☐ „Gott geht mit"
Text: KITA-Team 1979, Musik: Rainer Ibe, Rechte: im tvd-Verlag, Düsseldorf, aus: Kinderbibelwoche „Ich bin der Herr, dein Gott, der dich führt – Daniel", Amt für Gemeindedienst – Kinderkirche, Nürnberg 1996

☐ „Lasst uns miteinander"
Text / Musik: Peter von Woerden, Rechte: Verlag Strube GmbH, München. aus: Gertrud Miederer, Heinz Rehlen, Norbert Weidinger (Hg.): Mitten unter uns. Ökumenisches Gebete- und Liederbuch für die Grundschule, Verlag Moritz Diesterweg, Braunschweig, und Don Bosco Verlag, München, 2004, S. 96

☐ „Hallelu, hallelu"
Text / Musik: Günther Kutz, Rechte: KIM-Zentrale, Ingolstadt, aus: Gertrud Miederer, Heinz Rehlen, Norbert Weidinger (Hg.): Mitten unter uns. Ökumenisches Gebete- und Liederbuch für die Grundschule, Verlag Moritz Diesterweg, Braunschweig, und Don Bosco Verlag, München, 2004, S. 128

☐ „Herr, erbarme dich"
Text: Liturgie, Musik: Peter Janssens, Rechte: Peter Janssens Musik Verlag, Telgte, aus: Andreas Ebert (Hg.): Das Kindergesangbuch, Claudius Verlag, München, 1998, S. 326

☐ „Lasst uns miteinander"
Text / Musik: Peter von Woerden, Rechte: Verlag Strube GmbH, München. aus: Gertrud Miederer, Heinz Rehlen, Norbert Weidinger (Hg.): Mitten unter uns. Ökumenisches Gebete- und Liederbuch für die Grundschule, Verlag Moritz Diesterweg, Braunschweig, und Don Bosco Verlag, München, 2004, S. 96

□ „Gottes Liebe ist so wunderbar"

Text: mündlich überliefert, Musik: Spiritual, aus: Elke Hirsch: Kommt, singt und tanzt. Materialien für Schule und Gemeinde, Patmos Verlag, Düsseldorf, 1999, S. 64f.

Bewegungen:

Strophen:

- bei den ersten drei „wun-der-bar" auf jede Silbe einmal kurz klatschen;
- bei „so wunderbar groß" mit beiden Armen gleichzeitig einen großen Kreis beschreiben.

Refrain:

- bei „so hoch" sich auf Zehenspitzen nach oben stecken, dabei Arme ganz hoch heben;
- bei „so tief" in die Hocke gehen, Handflächen auf den Boden legen;
- bei „so weit" im Stand Arme ausbreiten;
- bei „so wunderbar groß" mit beiden Armen gleichzeitig einen großen Kreis beschreiben.

Modell 4: „Jesus wendet sich Menschen zu"

**Familienwallfahrt mit Begegnungsgeschichten
aus den Evangelien**

■ **Vorgeschichte**

Im Lesejahr C wird am 11. Sonntag im Jahreskreis die Geschichte von der salbenden Sünderin im Haus des Pharisäers Simon gelesen. Da für diesen Tag wieder die alljährliche Dekanatswallfahrt angesagt war, mussten wir diese für Kinder nicht ganz leicht zu erschließende Begegnungsgeschichte aufbereiten.

■ **Religionspädagogische Überlegungen**

Rasch merkten wir, dass wir allein mit dieser Episode nur dann den ganzen Weg würden bestreiten können, wenn wir das Thema „Sünde" behandelten. Doch fürchteten wir, dass bei ausschließlicher Thematisierung von Fehlverhalten und Reue insgesamt alles ziemlich trist wirken würde. Schließlich kam uns die Idee, das Tagesevangelium erst beim Wortgottesdienst zu verwenden und bei den drei geplanten Stationen der Wallfahrt je eine weitere Begegnungsgeschichte zugrunde zu legen. Gemeinsam sollte allen Geschichten sein, dass sie exemplarisch Jesu besondere Art im Umgang mit solchen Menschen zeigten, auf die andere geringschätzig herunterschauten. Dadurch sollte das Einfühlungsvermögen der Kinder geschult und ihre eigene Hilfsbereitschaft gesteigert werden.

Die biblischen Personen wollten wir mit Stabfiguren visualisieren und auf dem Weg mittragen (Vorlagen im Anhang). Deren Herstellung bereitet zwar einige Mühe, doch die lohnt sich, denn einmal angefertigt lassen sich „Jesus und Co." bei Familiengottesdiensten oder im Religionsunterricht immer wieder verwenden.

In den letzten Jahren waren fast immer dieselben Familien auf unserer Wallfahrt mitgegangen. Das bedeutete, dass die Kinder mittlerweile fast alle schon zur Schule gingen. Wir konnten es also wagen, ihnen ein bisschen mehr „Stoff" als in den Jahren zuvor zuzumuten. Als Give-Away wollten wir „Jesus-Plaketten", Kartonscheiben mit einem Durchmesser von 10 cm und einem Wollfaden zum Umhängen, austeilen, auf denen sie Aufklebebilder mit einer Szene aus jeder der vier Geschichten sammeln konnten. Diese Aufkleber lassen sich leicht durch Verkleinerung der Vorlagen für die Stabfiguren herstellen.

■ **Materialliste**
- **Vortragskreuz**
- **Gitarre zum Umhängen**
- **Flöte**
- **Liedblätter**
- **„Unterwegs-Litanei"** (im Anhang)
- **Litanei „Gott richtet auf"** (im Anhang)
- **Plaketten, gelocht, mit Wollfaden zum Umhängen**
- **Runde Aufkleber mit den Motiven:**
  1) **Jesus wendet sich Kindern zu**
  2) **Jesus wendet sich der gekrümmten Frau zu**
  3) **Jesus wendet sich Zachäus zu**
  4) **Jesus wendet sich der salbenden Sünderin zu**
- **Stabfiguren: Jesus, 3 Frauen mit fünf Kindern, 2 Jünger, gekrümmte Frau, Zachäus, Sünderin, 3 Männer, Simon** (Vorlagen im Anhang)
- **Große Bibel**
- **Textblatt mit „Unterwegs-Litanei"** (im Anhang)
- **Kinderbänke o. Isomatten**
- **Jesus-Kerze mit Windschutz**
- **Schale mit Weihrauchkörnern**
- **Schale mit Kohle**
- **Kohlenzange**
- **Anzünder**
- **Zündhölzer**
- **Rosenöl** (aus dem Drogeriemarkt)
- **1–2 kleine Glasschälchen**
- **DIN A3-Zettel mit Wegweisern**
- **Tesa-Krepp**

„Jesus wendet sich Menschen zu" Familienwallfahrt mit 3 Stationen und Wortgottesdienst		
Methode / Form	**Texte / Gestaltungselemente**	**Material/ Dauer**
1. Station: Jesus wendet sich Kindern zu		**15 min**
Singen mit Bewegungen	**Lied „Einfach spitze"** (siehe Anhang)	Liedblätter, Gitarre
Eröffnungsritual	**Begrüßung / Kreuzzeichen**	
Hinführung	**Einführen ins Thema mit „Give-Away":** *„Wir wollen heute miteinander und mit Jesus ein Stück Weg gehen – genau wie Jesus das damals in Palästina mit seinen Freunden und Freundinnen gemacht hat. Auf ihrem Weg haben sie natürlich immer wieder Menschen getroffen. Und viele dieser Menschen haben schon sehnsüchtig auf Jesus gewartet. Sie erhofften sich Hilfe von Jesus. Und dass er seine gute Segenskraft auf sie legt. Jesus hat diese Menschen nicht enttäuscht. Er hat immer gleich gespürt, was ihnen gut tat. Aber oft murrten die herumstehenden Leute, manchmal sogar seine Jünger. Sie verstanden nicht, warum Jesus vor allem denen besonders herzlich und helfend begegnete, die von allen anderen nicht gemocht oder nicht beachtet wurden. Du bekommt nun eine Plakette. „Jesus wendet sich Menschen zu" steht darauf. Auf unserem Weg kannst du vier solche Geschichten kennen lernen und mit einem kleinen Aufkleber auf dieser Plakette festhalten."* **Verteilen der Plaketten**	Jesus-Plaketten
Erzählen einer Bibelstelle	**Mk 10,13–16 II Mt 19, 13–15 II Lk 18, 15–17,** frei erzählt; dazu werden die **Stabfiguren** (siehe Anhang) geführt: Jesus in der Mitte; die Frauen und Kinder versuchen von rechts und links sich Jesus zu nähern; die Jünger drängen sich sehr energisch von hinten neben Jesus, schirmen ihn ab. Jesus holt schließlich die Frauen und Kinder neben sich.	Bibel; Stabfiguren: Jesus, 2 Jünger, 3 Frauen mit 4 Kindern

Gespräch:	**Impuls:** *„Aus dieser Geschichte können wir viel über Jesus lernen."* Kinder dürfen ihre Erkenntnisse aussprechen.	
Aktion	**Verteilen des 1. Bildchens**	Aufkleber
Beten	**Wallfahrtssegen:** *„Lasst uns nun Gottes Segen für unsere Wallfahrt erbitten:* *Lieber Gott, mit Jesus brechen wir jetzt auf. Auf unserem gemeinsamen Weg wollen wir lernen, auf einander zu achten und einander helfend beizustehen. Damit uns das gelingt, bitten wir dich: Leg auf uns deinen guten Segen. Lass uns deine Nähe spüren bis tief ins Herz hinein. Amen."*	
Singen	**Lied „Geh mit Gottes Segen"** (siehe Anhang), 3x durchsingen	Liedblätter, Gitarre
Anweisung	**Überleitung zum Aufbruch:** Kinder auswählen, welche die Figuren, das Kreuz, die Bibel, eventuell Kerzen tragen; Prozessionsordnung bekannt geben.	Alle Gegenstände, die auf dem Weg mitgetragen werden
1. Wegstück		**15 min**
Singen	**Lied „Geh mit uns"** (Bezugsquelle siehe Anhang) im Wechsel Vorsänger / alle	Liedblätter, Gitarre
Beten	**Unterwegs-Litanei** (siehe Anhang Modell 2, S. 92)	
2. Station: Jesus wendet sich einer gekrümmtem Frau zu		**20 min**
Hinführung	*„Auf dem Weg konnten wir zum Teil sehr weit schauen. Wir haben die schöne Landschaft gesehen, die Wiesen, die Felder, den weiten Himmel …* *Wir haben alle ein weites Blickfeld. Daran sind wir gewöhnt. Für uns ist das nichts Besonderes.* *Einmal ist Jesus einer Frau begegnet, die hätte viel gegeben für so ein weites Blickfeld. Denn sie konnte ihren Rücken nicht mehr aufrichten. Sie war krumm – und das schon seit 18 Jahren …"*	

Erzählen einer Bibelstelle	**Evangelium von der Heilung der Gekrümmten (Lk 13,10–17)**, frei erzählt, dazu werden die **Stabfiguren** geführt.	Bibel: Stabfiguren: Jesus, Gekrümmte, Männer
Einfühlübung	**Umhergehen in gekrümmter Haltung:** *„Stell dir vor, dein Rücken ist krumm. Du kannst den Kopf kaum heben. Versuche mal, die Wolken am Himmel zu beobachten … oder ein anderes Kind freundlich anzuschauen … usw."* Nach einer Weile ein Kind aus dieser Haltung erlösen, indem man es sanft über den Rücken streichelt. Dieses Kind darf nun selber ein anderes erlösen, das andere ebenso usw.	
Gespräch	**Austausch mit den Kindern:** *„Einen krummen Rücken zu haben – wie fühlt sich das an? Was geht alles nicht oder nicht gut? Wie fühlt man sich, wenn einem geholfen wird, wenn man selber helfen kann? Deine Erfahrung …* *Warum reagieren die Männer im Gebetshaus so sauer, als Jesus die Frau heilt?* *Welches Gefühl fehlt ihnen?* **Transfer:** *„Einen kranken Rücken wieder heilen, das konnten wir nur vorhin im Spiel. Aber es gibt auch noch andere Gründe, weshalb Menschen manchmal nicht aufrecht dastehen können. Z. B. wenn jemand sich fürchtet. Oder wenn jemand ausgeschimpft wird. Oder wenn jemand sehr traurig ist. Manche werden ganz krumm, weil sehr Schweres von ihnen verlangt wird. Wenn wir von Jesus schon etwas gelernt haben, was müssen wir dann tun?* **Fazit:** *Von Jesus kann ich lernen, dass ich mit offenen Augen und Ohren auf meine Mitmenschen zugehen soll. Dann merke ich, wenn jemand Hilfe braucht. Vielleicht sogar meine Hilfe. Und Jesus gibt mir durch seine Nähe die Kraft, das zu tun, was gut und richtig ist..*	

Singen mit Bewegungen	**Kanon „Gib uns Ohren, die hören"** (Bezugsquelle und Bewegungsanleitung siehe Anhang); Aufstellung im Kreis; bei „Gib uns Ohren ..." Hände hinter die Ohren legen; bei „und Augen ..." mit Zeigefingern und Daumen Brille um die Augen formen; bei „und ein weites Herz ..." mit beiden Händen großes Herz in die Luft zeichnen; bei „andere zu verstehen" offene Hände mit Handfläche nach oben nach rechts und links vor den Körper halten; bei „Gott, gib uns Mut ..." im Takt acht Schritte nach rechts, rechter Fuß beginnt.	Gitarre
Aktion	**Verteilen des 2. Bildes für die Plakette**	Aufkleber
Beten	**Gebet:** *„Lieber Gott, wenn Menschen einander helfen können, ist das etwas sehr Schönes. Doch um das Richtige zu tun, brauchen wir deinen Rat, den du uns ins Herz legst. Deshalb bitten wir dich. Steh uns bei, wenn wir manchmal nicht wissen, was zu tun ist. Und hilf uns, nicht zu zögern, wenn wir gebraucht werden. Für das gute Beispiel, das Jesus uns gibt, sind wir von Herzen dankbar – heute und alle Zeit. Amen."*	
Anweisung	**Überleitung zum Aufbruch:** Kinder auswählen, die die Figuren tragen.	
2. Wegstück		**15 min**
Singen und Beten	**Im Wechsel: Lied „Du, Gott, stützt mich"** (siehe Anhang Modell 1, S. 80), 10 x, dann je ein Absatz aus der **Litanei „Gott richtet auf"** (Siehe Anhang).	Liedblätter, Gitarre
3. Station: Jesus wendet sich Zachäus zu		**20 min**
Hinführung	**Gedanklicher Impuls:** *„Wir stehen hier unter einem Baum. Ein richtig toller Kletterbaum ist das. Und so ein Baum spielt in unserer nächsten Bibelgeschichte eine Rolle. Da muss Jesus nämlich einen Menschen, dem er begegnen will, erst vom Baum holen."*	Baum, der sich zum Klettern eignet

Erzählen einer Bibelstelle	**Lk 19,1–10**, frei erzählt, dazu werden die **Stabfiguren** geführt.	Bibel; Stabfiguren: Jesus, Zachäus, Männer, Frauen
Gespräch	*„Zachäus strengt sich an, um Jesus nahe zu kommen. Er wünscht sich insgeheim einen Freund wie Jesus. Er hat gehört, dass Jesus vor allem ein Herz hat für die, die von anderen nicht gemocht werden. Zachäus wird von niemandem gemocht. Warum?* (Kinder antworten) *Zachäus ist selber schuld, dass niemand ihn mag. Warum wendet sich Jesus ihm trotzdem so freundlich zu? Wir alle wollen gemocht werden. Wir alle wünschen uns Freunde. Wer gemocht wird, spürt, dass er wichtig und wertvoll ist für andere Menschen. Und wer das spüren darf, kann auch umgekehrt anderen zeigen: Du bist mir wichtig. Ich mag dich. Das macht stark gegen schlechte Gefühle wie Neid und Geiz. Das gibt Kraft zum Verzeihen und zum Um-Verzeihung-Bitten …*	
Singen und Klatschen	**„Kinder-Mut-Mach-Lied"** (Bezugsquelle siehe Anhang), beim Kehrvers klatschen	Liedblätter, Gitarre
Aktion	**Verteilen des 3. Bildes für die Plakette**	Aufkleber
Beten mit Gebärden	*„Gott, du Freund der Menschen, Hand in Hand stehen wir vor dir.* (Alle halten sich an den Händen.) *So ist niemand allein. Jetzt öffnen wir die rechte Hand zur Schale, die linke Hand wird zur Stütze der rechten Hand meines Nachbarn oder meiner Nachbarin.* (Linke Hand unter die rechte Hand des Nachbarn / der Nachbarin legen.) *Wir bitten dich: Lieber Gott, schau auf unsere Hände, die zu Schalen geworden sind. Leg in die Schalen die gute Kraft der Liebe. Sie wird uns helfen, miteinander gute Wege zu gehen.* (Alle gehen im Kreis, dazu leise Gitarrenmusik; stehen bleiben, wenn die Musik aufhört.). *Vor dir, unserem guten Gott, verneigen wir uns voller Dankbarkeit* (tiefe Verneigung) *und sagen alle: Amen.*	

Kurze Pause		
Wortgottesdienst: Jesus wendet sich der Sünderin zu (möglichst auf einer Wiese im Kreis um eine gestaltete Mitte herum)		**30 min**
Singen mit Bewegungen	**Lied „Einfach spitze"** (siehe Anhang)	Liedblätter, Gitarre
Eröffnungsritual	**Begrüßung / Kreuzzeichen,** dazu Jesuskerze in der Mitte entzünden	Jesuskerze auf großem Tuch, Zündhölzer
Singen und Tanzen	**Lied mit Gebärdentanz: „Wir kleinen Menschenkinder"** (siehe Anhang), 1. Strophe, dreimal	Gitarre, Flöte
Beten	**Gebet:** *„Guter Gott, du hast uns eingeladen, damit wir mit dir feiern und beten. Durch die Geschichten der Bibel willst du uns spüren lassen, wie lieb du uns Menschen hast. Wir bitten dich, steck uns an mit deiner Liebe – durch Christus, unseren Freund und Bruder. Amen."*	
Wiederholung im Gespräch	**Rückbesinnung:** Die Stabfiguren werden hochgehalten; Kinder erzählen, woran sie sich erinnern.	
Singen mit Bewegungen	*„Gleich hören wir noch einen Jesusgeschichte. Wir erfahren, dass Jesus zu einem Menschen, mit dem er in einem Haus zusammentrifft, sehr freundlich ist – und andere ärgern sich darüber. Zuvor aber wollen wir Gott ein Hallelujalied singen, mit dem wir ihn loben und preisen."* **Lied „Lobt den Herrn auf Straßen und auf Plätzen"** (Bezugsquelle siehe Anhang)	Liedblätter, Gitarre
Lesung	**Evangelium vom Tag, Lk 7,36—8,3,** frei erzählt oder kindgerechte Fassung, dazu **Spiel mit Stabfiguren.** Eventuell vorher die Kinder fragen, ob sie sich unter dem Wort „Sünderin" etwas vorstellen können. Wenn nein, erklären: Eine Sünderin ist eine Frau, die absichtlich etwas falsch macht oder Böses tut.	Bibel, Stabfiguren: Jesus, Simon, Sünderin, Männer

Gespräch	**Impuls zum Einstieg**: *„Simon hat Jesus nicht eingeladen, weil er ihn zum Freund haben wollte. Freunde hatte er genug. Er war nur neugierig auf diesen Jesus, von dem man sich so viel erzählte. Bei der Frau war das anders. Sie hatte keine Freunde. Niemand mochte sie. (Mit den Kindern überlegen, was man alles allein tun muss, wenn man keine Freunde hat).* *Es kann schon sein, dass die Frau selber Schuld hatte, wenn niemand sie mochte. Aber jetzt tat ihr alles Falsche und Böse so leid. Da sagte Jesus: Gott verzeiht dir. Du darfst neu anfangen. Du hast dein Herz weit aufgemacht für das Gute.* **Fazit:** *Wenn Jesus einem Menschen begegnet, schaut er, ob das Herz des Menschen für diese Begegnung offen ist. Das allein zählt. Dann kann aus dieser Begegnung Gutes entstehen. Jesus möchte gern der Freund aller Menschen sein. Aber nicht alle lassen ihn in ihr Herz. Er wäre auch der Freund von Simon geworden, aber Simons Herz war verschlossen.* *Das Herz der Frau war offen. Für sie war wichtig: Da ist einer, der mich mag und glaubt, dass ich ein guter Mensch werden kann. Das gibt mir Kraft, mich zu ändern."*	
Symbol-handlung	**Salbung:** *„Die Frau hat die Füße von Jesus mit duftendem Öl eingerieben. Dazu sagt man auch: Sie hat ihn gesalbt. Wir haben hier heute auch ein Fläschchen mit Salböl. (Aufdrehen, schnuppern.) Riecht gut! Das duftende Öl kann uns daran erinnern: Wo Menschen Freunde von Jesus sind und sich ihn zum Vorbild nehmen, da liegt etwas Gutes in der Luft, da sind die Menschen füreinander so angenehm wie ein guter Duft. Deshalb wollen wir uns nun gegenseitig mit dem duftenden Öl salben. Nicht die Füße, sondern einfach mit einem kleinen Kreuzchen, das wir mit dem Daumen der Nachbarin, dem Nachbarn zur Rechten auf den Handrücken zeichnen. Wer mag, kann auch noch einen guten Wunsch dazu sagen. Ich mache es vor."* **Während der Salbung leise Gitarren- o. Flötenmusik.**	Fläschchen mit Rosenöl, kleines Glasschälchen; bei mehr als 20 Personen: Zweites Schälchen einsetzen! Gitarre o. Flöte

Beten	**Fürbitten:** *„Vor uns steht eine Schale mit Weihrauchkörnern und eine Schale mit einem Stück Kohle. Heute werden wir unsere Fürbitten mit dem Duft des Weihrauchs zu Gott schicken. Dazu entzünde ich jetzt die Kohle. Wir beginnen jede Bitte damit, dass wir sagen, für wenn wir ein Korn auf die Kohle legen wollen. Dann rufen wir gemeinsam: Hilf ihnen, guter Gott.* *Beispiel: „Ich lege mein Korn in die Schale für alle Kinder, die keine Freunde haben."* **Abschließendes Gebet:** *Lieber Gott, wir dürfen sicher sein, dass du unser Gebet hörst und hilfst,* *denn du liebst uns alle und willst Gutes für uns.* *Dafür sei dir Lob und Dank – jetzt und alle Zeit.* *Amen."*	Schale mit Kohle, Kohlenzange, Anzünder, Schale mit Weihrauchkörnern
Aktion	**Verteilen des vierten Bildchens;** eventuell an die Kinder, die erst zum Gottesdienst dazukamen, auch die Bilder vom Weg austeilen.	Aufkleber
Singen	**„Wunschlied":** Die Kinder dürfen sich, wenn noch Zeit ist, ein Lied aus dem Liedblatt wünschen.	Liedblätter, Gitarre
Ab Gabenbereitung Teilnahme am Hauptgottesdienst!		

„Ich wünsch' dir Gottes Segen" – Sich gegenseitig mit duftendem Öl zu salben, lässt die Zuwendung Gottes sinnlich erfahrbar werden.

Anhang

- **Grafiken**
- ☐ **Vorlagen für Stabfiguren**

Jesus   *Jünger*

Mutter mit Kind   *Mütter*   *Gekrümmte Frau*

Kinder

Männer

Simon   Sünderin   Zachäus

■ **Texte**

☐ **Unterwegs-Litanei**
Siehe Anhang Modell 2, S. 93

☐ **Litanei „Gott richtet auf"**

V.: Gott hat uns als aufrechte Menschen erschaffen: Unten die
 Füße für einen sicheren Stand. Oben der Kopf für eine gute
 Sicht. So sollen wir durchs Leben gehen. Auch wenn es manch-
 mal anders kommt.
 Wir rufen gemeinsam: Doch du, Gott, richtest auf.
        A.:   Doch du, Gott, richtest auf.

V.: Angst macht krumm

        A.:   Doch du, Gott, richtest auf.

 Ärger macht krumm.
 Sorgen machen krumm.
 Unrecht macht krumm.
 Streit macht krumm.
 Lasten machen krumm.
 Menschen machen Menschen krumm.
 Menschen machen Menschen klein.
 Menschen machen Menschen arm.
 Menschen machen Menschen krank.
 Menschen machen Menschen wund.
 Menschen machen Menschen schwach.
 Menschen machen Menschen elend.
 Menschen machen Menschen einsam.
 Menschen machen Menschen hoffnungslos.

V.: Manchmal brauchen Menschen einen, der ihnen den Rücken
 stärkt.
 Lieber Gott, ihnen stärkst du den Rücken.

V.: Wenn jemand sich gegen Unrecht auflehnt, ...

        A.:   ... stärkst du ihm den Rücken.
 Wenn jemand sich für Schwache einsetzt, ...
 Wenn jemand anderen helfen will, ...
 Wenn jemand sich versöhnen will, ...

Wenn jemand Streit schlichten will, …
Wenn jemand falsch beschuldigt wird, …
Wenn jemand nicht ernst genommen wird, …
Wenn jemand nicht weiter weiß, …
Wenn jemand nicht mehr aufschauen kann, …
Wenn jemand neue Kraft braucht, …
Wenn jemand viel Mut braucht, …

V.: Guter Gott, wir Menschen haben in dir einen Freund, der unsere Rücken stark macht. Du willst, dass wir aufrecht durchs Leben gehen. Für die Kraft, die von dir ausgeht, danken wir dir und loben wir dich – jetzt und immer. Amen.

■ Lieder

□ „Einfach spitze"

Text / Musik: Daniel Kallauch, © cap-music, 72221 Haiterbach-Beihingen, aus: Gertrud Miederer, Heinz Rehlen, Norbert Weidinger (Hg.): Mitten unter uns. Ökumenisches Gebete- und Liederbuch für die Grundschule, Verlag Moritz Diesterweg, Braunschweig, und Don Bosco Verlag, München, 2004, S. 37

Bewegungen:
- Bei „einfach spitze" rechte Hand zur Faust , mit Daumen nach oben nach vorne strecken;
- bei „dass du da bist" mit beiden Armen einladende Geste, dabei geöffnete Hände mit Handflächen nach oben erst nach vorne zur Mitte, dann im Halbkreis nach außen führen;
- bei „stampfen, klatschen, hüpfen, tanzen" jeweils nur einmal kurz die Bewegung ausführen;
- bei „komm, wir loben …" beide Arme nach oben strecken, Handflächen einander zugewandt.

1. Ein-fach spit-ze, dass du da__ bist, ein-fach spit - ze, dass du da__ bist. Ein - fach spit - ze, komm, wir lo - ben Gott, den Herrn! lo - ben Gott, den Herrn!

2. Einfach spitze, lass uns stampfen ...	3. Einfach spitze, lass uns klatschen ...
4. Einfach spitze, lass uns hüpfen ...	5. Einfach spitze, lass uns tanzen ...

☐ **„Geh mit Gottes Segen"**

Text / Musik: Johannes Blohm, Rechte beim Autor, aus: Andreas Ebert (Hg.): Das Kindergesangbuch, Claudius Verlag, München, 1998, S. 350, © Johannes Blohm, Amberg

Geh mit Got - tes Se - gen, mach dich auf den Weg! Geh mit sei - nem Se - gen, er wird bei dir sein.

☐ **„Geh mit uns"**

Text: Norbert Weidinger, Musik: Ludger Edelkötter, Rechte: KiMu Kindermusikverlag, Verlbert, aus: Gertrud Miederer, Heinz Rehlen, Norbert Weidinger (Hg.): Mitten unter uns. Ökumenisches Gebete-

und Liederbuch für die Grundschule, Verlag Moritz Diesterweg, Braunschweig, und Don Bosco Verlag, München, 2004, S. 69

☐ **„Gib uns Ohren. die hören"**
Text / Musik: Bernd Schlaudt, aus: Gertrud Miederer, Heinz Rehlen, Norbert Weidinger (Hg.): Mitten unter uns. Ökumenisches Gebete- und Liederbuch für die Grundschule, Verlag Moritz Diesterweg, Braunschweig, und Don Bosco Verlag, München, 2004, S. 103

Bewegungen:
– Bei „Ohren" Hände hinter die Ohren legen;
– bei „Augen" mit Daumen und Zeigefingern eine „Brille" formen und vor die Augen halten;
– bei „weites Herz" mit beiden Zeigefingern großes Herz in die Luft zeichnen;
– bei „andre" mit beiden Armen einladende Geste, dabei geöffnete Hände mit Handflächen nach oben erst nach vorne zur Mitte, dann im Halbkreis nach außen führen
– ab „Gott, gib uns …" acht Schritte nach rechts im Kreis (bei Aufstellung im Kreis) oder am Platz (wenn keine geordnete Aufstellung).

☐ **„Du, Gott, stützt mich"**
Siehe Anhang Modell 1, S. 80

☐ **„Kindermutmachlied"**
Text / Musik: Andreas Ebert, Rechte: Hänssler-Verlag, Stuttgart, aus: Andreas Ebert (Hg.):Das Kindergesangbuch, Claudius Verlag, München, 1998, S. 262f.

☐ **„Wir kleinen Menschenkinder"**
Text: Rolf Krenzer, Musik: Detlev Jöcker, aus: Rolf Krenzer: „Wir kleinen Menschenkinder", Menschenkinder Verlag, 1995, Münster, S. 121

Bewegungen für Kreistanz zur 1. Strophe (diese 3x wiederholen):
– im Kreis stehen; bei den ersten vier Takten einander an den Händen halten, am Platz wiegen;

– bei „sind losgegangen ..." mit rechtem Fuß beginnend vier
Schritten nach recht gehen;
– bei „weil wir dich lieben ..." Hände ans die Brust legen und zur
Mitte hin verneigen.

2. Wir sind zu dir gekommen,
   wir sind gekommen,
   um dir zu danken, um dich zu loben,
   weil wir dich lieben, guter Gott,
   um dir zu danken, um dich zu loben,
   weil wir dich lieben, guter Gott!

3. Herr, wenn wir heute gehen,
   Herr, wenn wir gehen,
   dann bleibe bei uns und segne alle,
   weil wir dich lieben, guter Gott,
   dann bleibe bei uns und segne alle,
   weil wir dich lieben, guter Gott.

☐ „Lobt den Herrn auf Straßen und auf Plätzen"
Text: nach Psalm 148, Musik: mündlich überliefert, Quelle: unbekannt , aus: Gertrud Miederer, Heinz Rehlen, Norbert Weidinger
(Hg.): Mitten unter uns. Ökumenisches Gebete- und Liederbuch
für die Grundschule, Verlag Moritz Diesterweg, Braunschweig,
und Don Bosco Verlag, München, 2004, S. 98

Modell 5: „Mit Margarethe den Drachen zähmen"

Kinderwallfahrt zu einem Margarethenkirchlein

■ **Vorgeschichte**

Ein idyllisch im Wald gelegenes Kirchlein, der heiligen Margarethe geweiht, erreichbar über einen gut befestigten Wanderweg, wenn das kein ideales Ziel für eine Wallfahrt ist! Wir hatten über das Kreisbildungswerk den Auftrag erhalten, eine Kinderwallfahrt für eine Pfarrei zu organisieren, kannten also außer einer erwachsenen Kontaktperson weder Gelände noch Menschen dort. Deshalb hatten wir an einem Nachmittag zumindest das Gelände in Augenschein genommen – und waren begeistert.

Starten wollten wir ebenfalls in einem Kirchlein, das ungefähr 2 ½ km vom der Margarethenkirche entfernt lag. Zu erwarten hatten wir Kinder im Vorschul- und Grundschulalter.

■ **Religionspädagogische Überlegungen**

Mit einer spannenden Heiligenlegende kann man Kinderherzen fast immer erreichen. Und wenn in der Legende gar noch ein schönes, tapferes Mädchen über einen Drachen siegt, erst recht. Nun sind die Legendenvariationen, die sich um das Sterben der Märtyrerin Margarethe von Antiochia ranken, furchtbar grausam, doch auf den Darstellungen ist von den schrecklichen Martern, die man der jungen Christin angetan haben soll, in der Regel nichts zu sehen. So auch auf dem Altarbild des Kirchleins, das Ziel unserer Wallfahrt sein sollte. Stolz führt die Heilige dort gleich drei Untiere an der Leine. Eine seltene Darstellung! Üblicherweise liegt ihr ein – sichtlich zahmer – Drache zu Füßen, den sie meistens an einem Band hält. Denn anders als Georg tötet sie der Legende nach den Drachen nicht, sondern zähmt ihn. Wir wollten den Kindern verstehen helfen: Der Drache steht für die Ängste, für alles Bedrohliche. Mit Hilfe eines Kreuzes, dem Symbol für ihren Freund Jesus Christus, kann Margarethe alle Angst bezwingen. In ihrem Fall ist es die Angst, sterben zu müssen. Jesus nimmt ihr die Angst vor dem Tod. Er schenkt ihr so viel Mut, dass am Ende sogar noch andere Menschen zu Christen werden, welche beobachten, wie tapfer Margarethe ist. Von Margarethe können wir lernen: Ängste sind normal, oft auch berechtigt, aber Jesus hilft uns, unsere Ängste in den Griff zu bekommen.

Ein großes Plüschkrokodil diente uns als „Angstdrache" (ersatzweise könnte man den Drachen auch als Stabpuppe gestalten). Für jedes Kind fertigten wir außerdem ein Fähnchen mit einem Bild der Hl. Margarethe an einem 40 cm langen Stab zum Mittragen auf dem Weg.

Diese Wallfahrt lässt sich zu jeder Kirche unternehmen, in der die Hl. Margarethe abgebildet ist – Hauptsache, der Drache ist bei ihr. Aber bitte beachten Sie, dass auch die Hl. Martha in seltenen Fällen einem Drachen mit sich führt, denn sie gilt nach einer südfranzösischen Legende ebenfalls als Drachenbezwingerin.

Die Station „Am Wegkreuz" nachzuvollziehen wird nicht schwer sein, da es schließlich viele Wegkreuze gibt. Aber was tun, wenn nirgendwo die seltene Darstellung „Jesus an der Geißelsäule" zu finden ist? Vielleicht gibt es irgendwo auf dem Weg ein Kirchlein, in dem die Kreuzwegstationen aufgehängt sind. Dort findet sich auch ein gegeißelter Heiland.

▨ Materialliste

- **Vortragskreuz**
- **Gitarre zum Umhängen**
- **Flöte**
- **Liedblätter**
- **Bibel**
- **Jesus-Kerze**
- **Klangschale**
- **Schale mit Weihrauchkörnern**
- **Schale mit Kohle**
- **Kohlenzange**
- **Anzünder**
- **Zündhölzer**
- **Löffelchen**
- **großes Plüschkrokodil**
- **kleine Zettel (verschiedenfarbiges Papier) und Stifte in 4 Körbchen**
- **Sicherheitsnadeln**

- **Wallfahrtsfähnchen mit Ausmalbild „Hl. Margarethe" auf Karton, DIN A5, 1x pro Kind, am Stab** (im Anhang)
- **Legende von der Hl. Margarethe und dem Drachen** (im Anhang)
- **Weihwasserkesselchen und Aspergill aus Buchszweigen**
- **Wechselgebet „Manchmal fürchte ich mich"** (im Anhang)
- **Auszüge aus Jesaja 43** (im Anhang)

■ **Ablauf Modell 5**

„Mit Margarethe den Drachen zähmen" Kinderwallfahrt mit 3 Stationen und Andacht		
Methode / Form	**Texte / Gestaltungselemente**	**Material/ Dauer**
1. Station: In der 1. Kirche		**30 min**
Vorstellen und Hinführung	Akustisches Signal für den Beginn / Begrüßung: Wer sind wir? Was ist eine Wallfahrt?	Klangschale
Eröffnungsritual	**Kreuzzeichen**	
Singen mit Bewegungen	**Lied „Wir fangen jetzt an"** (siehe Anhang Modell 2, S. 95)	Liedzettel, Gitarre
Beten	**Gebet:** *„Am Anfang einer Wallfahrt darf ein Gebet nicht fehlen. Deshalb lasst uns beten: Lieber, Gott, wir werden heute einen Weg miteinander gehen, der von einer Kirche zu einer anderen Kirche führt. Dieser Weg soll anders sein als die vielen Wege, die wir sonst gehen. Denn wir wollen ihn ganz bewusst mit dir gehen. Wir bitten dich, sei du nun bei uns – in unserer Mitte, in unseren Herzen. Lass uns spüren, wie gut deine Nähe tut. Amen."*	
Betrachtung und Gespräch	**Heilige und ihre Attribute:** Über die Heiligendarstellungen sprechen, die im Kirchenraum zu sehen sind. **Fazit:** *„Allen diesen Heiligen ist gemeinsam, dass Gott ihnen in ihrem Leben sehr nahe war. Egal, was passiert ist, Gott hat ihnen geholfen, hat ihnen Kraft gegeben und ließ sie das Richtige sagen und*	

	tun. Weil sie sich immer auf Gottes Hilfe verlassen haben, sind sie für andere Menschen Vorbilder geworden. An den Zeichen, die sie mit sich tragen, manchmal auch an den Gewändern, die sie anhaben, oder einem Tier, das sie begleitet, können wir erkennen, welche heilige Frau, welchen heiligen Mann die Figur darstellen soll."	
Singen	*„Das, was die Heiligen in ihrem Leben erfahren haben, wollen wir mit einem Lied ausdrücken:"* **Lied „Du Gott, stützt mich"** (siehe Anhang Modell 1, S. 80), mehrmals durchsingen, dabei lauter, leiser, schneller, langsamer werden, leise verklingen lassen	Liedzettel, Gitarre
Aktion und Gespräch mit Gegenstands-impuls	**Einführung des Hl. Margarethe und des zentralen Symbols „Drache":** Austeilen der Wallfahrtsfähnchen und der Stifte; jedes Kind schreibt seinen Namen auf das Fähnchen. *„Auf dem Fähnchen sehen wir eine Heilige mit einem seltsamen Tier an der Leine ..."* (Kinder raten lassen) *„Der Drache ist ein Tier, das Angst macht. Margarethe schaut auf diesem Bild nicht aus, als hätte sie Angst. Was könnte geschehen sein?"* (Kinder raten lassen: Zähmung des Drachens; Kreuz: Jesus hat ihr geholfen.) *„Du wirst zwar nie einen Drachen zähmen müssen, aber gibt es etwas, das dir Angst macht? Wir haben hier auch so eine Art „Drache". Auf diesem „Drachen" wollen wir nun all unsere Ängste sammeln ..."* Kinder zeichnen oder schreiben ihre Ängste auf Zettelchen, die an den „Drachen geheftet werden. Dann kurz über die Darstellungen und Texte auf den Zetteln sprechen. *„Von den Heiligen können wir lernen, dass der Glaube an Jesus hilft, mit den Ängsten umzugehen ..."*	Fähnchen, Stifte Zettelchen, großes Plüschkrokodil, Sicherheitsnadeln
Singen	**Lied „Wenn ich Angst hab'"** (siehe Anhang Modell 2, S. 105), 3x durchsingen	Liedblätter, Gitarre

Beten	**Segnung des Wallfahrtskreuzes und der Wallfahrer/innen:** *„Lasst uns nun Gottes Segen für unsere Wallfahrt erbitten: Lieber Gott, mit Jesus brechen wir jetzt auf zu einer Margarethenkirche. Von der Heiligen Margarethe wollen wir heute lernen, auf deine Hilfe zu vertrauen. Damit uns das gelingt, bitten wir dich: Leg auf uns deinen guten Segen. Lass uns deine Nähe spüren bis tief ins Herz hinein. (Kinder mit Weihwasser besprengen.) Segne auch dieses Kreuz, das uns vorangehen wird. Es soll uns Zeichen der Hoffnung sein, dass du größer bist als alles, was Angst macht. Amen."* (Kreuz mit Weihwasser besprengen.)	Weihwasser, Aspergill aus Buchszweigen
Anweisung	**Überleitung zum Aufbruch:** Texte für Wechselgebet austeilen; Gegenstände, die mitgetragen werden, an Kinder verteilen; Zugordnung bekannt geben.	Textblatt, 2 x; alle Gegenstände, die auf dem Weg mitgetragen werden
1. Wegstück		**15 min**
Beten und Singen	**Wechselgebet „Manchmal fürchte ich mich"** (siehe Anhang) mit **Liedruf „Wenn ich Angst hab"** (siehe Anhang Modell 2); Danach **Liedruf „Du, Gott, stützt mich"** (siehe Anhang Modell 1, S. 80)	Gitarre
2. Station: Figur „Jesus an der Geißelsäule"		**10 min**
Betrachtung und Gespräch	Figur betrachten: Was ist dargestellt? Was fühlt Jesus? Was fürchtet er?"	
Singen	**Lied „Ach, Jesus, liebster Jesus mein"** (siehe Anhang), 3x durchsingen (siehe Anhang)	Liedblätter, Flöte
Anweisung	**Überleitung zum Aufbruch:** Kinder auswählen, die die Gegenstände tragen.	

2. Wegstück		15 min
Singen und Beten	„Ave Maria" mit Rosenkranzgeheimnis „... der für uns das schwere Kreuz getragen hat", 10x, danach Lied „Ach, Jesus, liebster Jesus mein" (siehe Anhang), mehrmals durchsingen	Liedblätter, Flöte

3. Station: Am Wegkreuz		10 min
Betrachtung und Gespräch	**Impuls:** Aufschauen zum Kreuz, ganz still werden, bewusst Kreuzzeichen machen. *„Jesus hat selbst Schweres überwunden, er kennt Angst, Todesangst. Er kann uns verstehen, kann uns helfen, beistehen in unserer Angst."*	
Beten und Singen	**Spontane Fürbitten:** „Wir bitten für alle, die ...", nach jeder Bitte: **Liedruf „Herr, erbarme dich"** (Bezugsquelle siehe Anhang),	Gitarre
Anweisung	**Überleitung zum Aufbruch:** Kinder auswählen, die die Gegenstände tragen.	

3. Wegstück		10 min
Beten	**Litanei „Gott richtet auf"** (siehe Anhang)	Textblatt
Singen	**Lied „Du, Gott, stützt mich"** (siehe Anhang Modell 1), mehrmals wiederholen	Gitarre

Andacht: In der Margarethenkirche		
Akustisches Signal und Eröffnungsritual	Klangschale anschlagen; Jesuskerze auf dem Hocker in der Mitte des Altarraums entzünden	Klangschale, Jesuskerze auf Hocker mit großem Tuch, Zündhölzer
Singen und Tanzen	**Lied mit Gebärdentanz: „Wir kleinen Menschenkinder"** (siehe Anhang, Modell 4, S. 125), 1. Strophe, dreimal; um die Jesuskerze herumtanzen	Gitarre, Flöte
Beten	*„Wir sind am Ziel unserer Wallfahrt angekommen. Hier wollen wir beten: Lieber Gott, hier in dieser Kirche, die der Hl. Margarethe geweiht ist, wollen wir uns darauf besinnen, dass du ein guter und treuer Freund bist.*	

	Denn du teilst unsere Freude, aber auch unser Leid: unsere Ängste und Sorgen. Wenn ein Mensch auf dich vertraut, schenkst du ihm Kraft und Mut und Hoffnung durch Christus, unsern Herrn. Amen. "	
Singen	**Kanon „Lasst uns miteinander"** (Bezugsquelle siehe Anhang)	
Betrachtung	**Bildvergleich Altarbild – Wallfahrtsfähnchen:** Gemeinsamkeiten und Unterschiede entdecken.	
Vortrag	**Legende von der Hl. Margarethe und dem Drachen,** frei erzählt oder kindgerechte Fassung (siehe Anhang). Zwischendurch **Lied „Das wünsch ich sehr"** (Bezugsquelle siehe Anhang), 3x durchsingen.	Eventuell Stichwortzettel; Liedblätter, Gitarre, Flöte
Lesung	**Auszüge und Gedanken aus Jesaja 43** (Anhang)	Bibel, Lesungstext eingelegt
Transfer	**Den „Angst-Drachen" an die Leine legen:** *„Weil Gott uns spüren lassen will, dass er ein treuere Freund ist, der kein Menschenkind allein lässt, hat er uns Jesus geschickt, damit er unter den Menschen ist und ihnen zeigt: Er hilft ihnen in ihrer Angst.* *Auf den Bildern hat Margarethe den Drachen an der Leine; das heißt: das, was Angst macht, ist nicht weg, aber gezähmt. Man kann mit den Ängsten mit der Hilfe von Jesus umgehen. Wir wollen unseren „Angst-Drachen" jetzt auch an die Leine legen.*	„Drachen-Leine"
Aktion mit Verehrungsritual; Singen	**Angstzettel zum Altar, dazu Weihrauchopfer:** Kinder dürfen ihren „Angst-Zettel" vom Drachen rupfen und in einer goldenen Schale ablegen. Vor die Jesuskerze wird die Schale mit der Kohle gestellt. Darauf darf jedes Kind mit einem Löffelchen 1–2 Weihrauchkörner legen. *„Wie der Weihrauch soll Lob und Dank zu Gott aufsteigen."*	Goldene Schale, Schale mit Kohle, Kohlenzange, Anzünder Schale mit

	Dazu singen wir ein frohes Lied: **Lied: „Du verwandelst meine Trauer in Freude".** (Bezugsquelle siehe Anhang)	Weihrauchkörnern, Löffelchen Liedblätter, Gitarre
Beten	**Vater unser**	
Ritual	**Friedensgruß**	
Gesungene Segensbitte	**Lied „Wir kleinen Menschenkinder"** (siehe Anhang Modell 4, S. 125), 3. Strophe, 3x durchsingen	Liedblätter, Gitarre, Flöte
Singen mit Bewegungen	**Eventuell Zugabe: Lied „Gottes Liebe ist so wunderbar"** (Bezugsquelle und Bewegungsanleitung siehe Anhang)	Gitarre

Anschließend Spiel und Spaß auf der Wiese:

Spielvorschläge:

- **Drachenschwanz-Fangen:** Zwei Schlangen bilden, alle halten sich an den Hüften des Vorderen ein; jede Gruppe ist ein „Drache"; das vorderste Kind ist der Kopf, das hinterste trägt den Schwanz: ein langes buntes Tuch, das in den Rock- oder Hosenbund gesteckt wird. Nun muss der „Kopf" den Schwanz des gegnerischen Drachen fangen. Sobald dies gelungen ist, fügen sich „Kopf" und „Schwanzträger" in die Mitte der Schlange ein. Der Drachenkampf beginnt aufs Neue.
- **Körper-Knobeln:** Wieder zwei Schlangen bilden. Jeweils die vordersten Kinder knobeln gegeneinander, indem sie Figuren darstellen; dabei stehen sie zunächst Rücken an Rücken; die übrigen Kinder zählen laut bis 3, bei 3 drehen sich die beiden um und stellen entweder Drache oder schöne Maid oder Ritter dar:
  - Der Drache hebt die Arme und faucht schrecklich.
  - Die schöne Maid hebt mit spitzen Fingern ein imaginäres Röckchen an und ruft: „Huch".
  - Der Ritter hebt eine imaginäre Lanze und ruft mutig: „Hah".

Es gelten folgende Knobel-Regeln:
  - Drache besiegt junge Maid mit seinem Feueratem.
  - Ritter besiegt Drache mit der Lanze.
  - Fräulein besiegt Ritter mit ihrem Liebreiz.

Wer besiegt ist, reiht sich als Verstärkung hinten in die gegnerische Gruppe ein, der Gewinner / die Gewinnerin in die eigene Gruppe. Endsieger ist die Gruppe, welche die andere Gruppe bis auf 2 Mitspieler/innen dezimiert hat. Man kann aber auch die Gruppen beibehalten und für jeden Sieg einen Siegpunkt verteilen. Das Spiel endet, wenn eine Gruppe 20 Punkte erreicht hat.

Anhang

■ **Grafiken**

■ **Texte**

☐ **Wie Margarethe den Drachen zähmte. Eine Legende**

Margarethe lebte vor langer Zeit in der Stadt Antiochia, die im großen Reich des römischen Kaisers lag. Heute ist dort die Türkei. Margarethe war eine junge Christin. Christsein war damals im römischen Reich verboten. Der Kaiser wollte, dass die Menschen die römischen Götterstatuen und auch ihn selbst anbeteten.

Ein Mann, der nicht an Jesus glaubte, wollte Margarethe heiraten, denn sie war wunderschön. Sie weigerte sich, denn niemals wollte sie einen Mann heiraten, der nicht Christ war. Natürlich war der Mann sehr verärgert. Deshalb verriet er den römischen Soldaten: „Die schöne Margarethe glaubt an diesen Christen-Gott!" Die Sol-

134

daten warfen Margarethe ins Gefängnis. Dort war die junge Frau sehr allein. Kein Freund, keine Freundin war bei ihr. „Jetzt wäre es schön", dachte sie, „wenn mich jemand in den Arm nehmen würde und sagen würde: Fürchte dich nicht..."

Lied „Das wünsch ich sehr"

Margarethe hatte im Gefängnis große Angst. Sie wusste: der Kaiser hatte schon viele Christen töten lassen. In der Nacht träumte sie vom einem schrecklichen Drachen, der sie verschlingen wollte. Im Traum hatte Margarethe ein Kreuz bei sich. Weil sie sich als Freundin von Jesus zu erkennen gab u. dem Untier mutig mit dem Kreuz in der Hand entgegentrat, verschwand der Drache. Helles Licht umstrahlte Margarethe plötzlich. Sie merkte: Jesus war bei ihr.

Von nun an war Margarethe mutig und furchtlos. Die Soldaten konnten ihr noch so sehr drohen und noch so sehr wehtun. Nicht einmal den Tod fürchtete sie. Und viele andere kamen durch das mutige junge Mädchen zum Glauben und wurden selber Christen.

☐ Wechselgebet „Manchmal fürchte ich mich"

2 Sprecher/innen im Wechsel:

Sprecher/in 1:
Manchmal fürchte ich mich vor der Dunkelheit.

Sprecher/in 2:
Manchmal fürchte ich mich vor dem Allein-Sein.

Sprecher/in 1:
Manchmal fürchte ich mich vor einer Krankheit.

Sprecher/in 2:
Manchmal fürchte ich mich vor Streit.

Sprecher/in 1
Manchmal fürchte ich mich vor Strafe.

Sprecher/in 2:
Manchmal fürchte ich mich vor Gefahr.

Sprecher/in 1:
Manchmal fürchte ich, dass eine Aufgabe zu schwer für mich ist.

Sprecher/in 2:
Manchmal fürchte ich, dass ich andere enttäusche.

Sprecher/in 1:
Manchmal fürchte ich, dass keiner mir glaubt.

Sprecher/in 2:
Manchmal fürchte ich, dass niemand mich versteht.

Sprecher/in 1:
Manchmal fürchte ich, dass niemand zu mir hält.

Sprecher/in 2:
Manchmal fürchte ich mich wirklich sehr.

(Nach jedem Gedanken wird der Liedruf „Wenn ich Angst hab"
einmal gesungen.)

☐ **Lesung aus dem Buch Jesaja.**
Jetzt aber
  – so spricht der Herr,
  der dich geschaffen und der dich geformt hat –
  fürchte dich nicht,
denn ich habe dich erlöst.

Ich habe dich beim Namen gerufen.
Du gehörst mir.
Denn ich, der Herr, bin dein Gott.
Ich bin dein Retter.
Weil du in meinen Augen teuer und wertvoll bist
und weil ich dich liebe,
brauchst du dich nicht zu fürchten,
denn ich bin mit dir.

Wort des lebendigen Gottes.

(Auszüge aus Jesaja 43)

■ Lieder

☐ **„Wir fangen jetzt an"**
Siehe Anhang Modell 2, S. 95

☐ **„Du, Gott, stützt mich"**
Siehe Anhang Modell 1, S. 80

☐ **„Wenn ich Angst hab"**
Siehe Anhang Modell 2, S. 105

☐ **„Ach Jesus, liebster Jesus mein"**
Text / Musik: Franz Kett, aus: Religionspädagogische Praxis,
1/1981, S. 48, © RPA-Verlag GmbH, www.rpa-verlag.de

☐ **„Herr, erbarme dich"**
Text: Liturgie, Musik: Peter Janssens, Rechte: Peter Janssens
Musik Verlag, Telgte, aus: Andreas Ebert (Hg.): Das Kinderge-
sangbuch, Claudius Verlag, München, 1998, S. 326

☐ **„Wir kleinen Menschenkinder"**
Siehe Anhang Modell 4, S. 125

☐ **„Lasst uns miteinander"**
Text / Musik: Peter von Woerden, Rechte: Verlag Strube GmbH,
München. aus: Gertrud Miederer, Heinz Rehlen, Norbert Weidinger (Hg.): Mitten unter uns. Ökumenisches Gebete- und Liederbuch für die Grundschule, Verlag Moritz Diesterweg, Braunschweig, und Don Bosco Verlag, München, 2004, S. 96

☐ **„Das wünsch ich sehr"**
Text: Kurt Rose, Musik: Detlev Jöcker, Rechte: Menschenkinder Verlag, Münster, aus: Gertrud Miederer, Heinz Rehlen, Norbert Weidinger (Hg.): Mitten unter uns. Ökumenisches Gebete- und Liederbuch für die Grundschule, Verlag Moritz Diesterweg, Braunschweig, und Don Bosco Verlag, München, 2004, S. 114

☐ **„Du verwandelst meine Trauer"**
Text: Gruppe Liturgie, Musik: Bernd Schlaudt, Rechte bei den Autoren, aus: Gertrud Miederer, Heinz Rehlen, Norbert Weidinger (Hg.): Mitten unter uns. Ökumenisches Gebete- und Liederbuch für die Grundschule, Verlag Moritz Diesterweg, Braunschweig, und Don Bosco Verlag, München, 2004, S. 69

☐ **„Gottes Liebe ist so wunderbar"**
Text: mündlich überliefert, Musik: Spiritual, aus: Elke Hirsch: Kommt, singt und tanzt. Materialien für Schule und Gemeinde, Patmos Verlag, Düsseldorf, 1999, S. 64f.

Bewegungen:
Strophen:
– bei den ersten drei „wun-der-bar" auf jede Silbe einmal kurz klatschen;
– bei „so wunderbar groß" mit beiden Armen gleichzeitig einen großen Kreis beschreiben.

Refrain:
- bei „so hoch" sich auf Zehenspitzen nach oben stecken, dabei Arme ganz hoch heben;
- bei „so tief" in die Hocke gehen, Handflächen auf den Boden legen;
- bei „so weit" im Stand Arme ausbreiten;
- bei „so wunderbar groß" mit beiden Armen gleichzeitig einen großen Kreis beschreiben.

Modell 6: „Du bist ein Schatz"

Kinderwallfahrt zur Vorbereitung auf die Erstkommunion

■ Vorgeschichte

Im Rahmen der Vorbereitung auf die Erstkommunion ist es immer gut, wenn die Pfarrei neben Gruppenarbeit auch Veranstaltungen anbietet, bei der alle zukünftigen Kommunionkinder sich als Gemeinschaft auf dem Weg zum Fest erleben. Denn leider gibt es nicht mehr viele Familien, die am Gemeindeleben teilnehmen. Den Kindern fehlt deshalb die Erfahrung, dass sie als Christen / Christinnen Teil einer starken Gemeinschaft sind, in welcher die unterschiedlichsten Menschen allein durch ihren Glauben an Jesus Christus miteinander verbunden sind. Nachfolgendes Wallfahrtsmodell wurde als Veranstaltung konzipiert, die den Kindern diese Erfahrung ermöglicht. Die Wallfahrt begann auf einer Wiese und endete in der Pfarrkirche mit großem Taufbecken, um das sich alle Kinder im Kreis versammeln konnten. Die abschließende Segensbitte sprachen wir vor dem Tabernakel.

Eltern und Geschwister konnten an der Wallfahrt teilnehmen, durch die Anwesenheit aller Gruppenleiter/innen waren jedoch ausreichend Aufsichtpersonen dabei, so dass wir auch Kinder mitnehmen konnten, die nicht von Erwachsenen begleitet wurden.

■ Religionspädagogische Überlegungen

Kinder gehen hier in Deutschland in einem Alter zur Erstkommunion, in welchem ihr Symbolverständnis schon sehr weit entwickelt ist und Transferleistungen, also die Übertragung eines Beispiels auf die eigene Lebenswirklichkeit, selbstverständlich sind.

Unser Ziel war es, den Kindern zu vermitteln: Was Christen in dieser Welt bewirken, indem sie dem Beispiel Jesu nacheifern, hat großen Wert. Weil jeder ernsthafte Christ dazu beiträgt, durch sein christliches Verhalten Gutes in der Welt zu bewirken, wird er für seine Mitmenschen zu etwas sehr Kostbarem, zu einem Schatz. „Du bist wirklich ein Schatz!" sagen wir zu jemandem, der sich für das Gute einsetzt und selbst Gutes tut. Ein wesentliches Symbol auf unserem Weg sollte deshalb eine Schatzkiste sein, in er wir das typisch Christliche sammeln wollten.

Wir wollten den Kindern an drei Stationen an je einem Beispiel aus dem Leben Jesu zeigen, was typisch für sein Verhalten war:

1) Er heilte diejenigen, die mit ihren Krankheiten und Beschwerden zu ihm kamen (Beispielgeschichte: Die Heilung eines Taubstummen).
2) Er teilte mit den Menschen das, was zum Leben notwendig ist (Beispielgeschichte: Das Wunder der Brotvermehrung).
3) Er schenkte denen Zeit, die seine Nähe suchten (Beispielgeschichte: Die Kindersegnung).

Symbole aus dem Alltag (Verbandskasten, Brot, Uhr), die wie Geschenke verpackt waren und von den Kindern an den Stationen entdeckt und ausgepackt werden durften, sollten diese drei charakteristischen Verhaltensweisen veranschaulichen. Zusätzlich war an jedem Symbol ein Puzzleteil angebracht. Alle drei Teile zusammen ergaben am Ende ein Jesusbild. In der abschließenden Andacht mit Tauferinnerung sollte dieses Bild deutlich machen: Wenn wir Christen uns an Jesus orientieren, dann wird durch uns das typisch Christliche und somit sehr viel Gutes, Wertvolles, Kostbares in der Welt sichtbar. Oder wie Paulus es ausdrückt: Dann sind wir der Leib Christi. Durch die Teilhabe an dem einen Brot, in welchem Christus zu den Seinen kommt und ihnen Kraft gibt zu einem christlichen Leben (das ja nicht immer leicht ist), werden wir hineinverwandelt in den Leib Christi.

Besonders stimmig war, dass die Kinder nicht in eine menschenleere Kirche kamen. Je ein/e Vertreter/in des Sozialkreises, der Kirchenverwaltung und des Sozialkreises empfingen die Kinder herzlich, führten sie zur brennenden Osterkerze beim Taufbecken und erklärten den Kindern mithilfe der Puzzleteile und der Symbole, auf welchen Dienst in der Pfarrei sich ihre ehrenamtliche Tätigkeit konzentrierte. Sie nahmen sich die Zeit, bis zum Schluss der Andacht bei den Kindern zu bleiben. Diese spürten deutlich: Hier waren sie willkommen und gehörten aufgrund der Taufe ganz selbstverständlich zu dieser Gemeinschaft, die sich offensichtlich ernsthaft bemühte, dem Beispiel Jesu zu folgen und „Leib Christi" zu sein.

■ **Materialliste**
- **Vortragskreuz**
- **Gitarre zum Umhängen**
- **Flöte**
- **Liedblätter**
- **Bibel**
- **Schatzkiste**
- **Verbandskasten**
- **Fladenbrot in einer Schale**
- **Uhr**
- **Jesusbild, Größe DIN A 2, zerteilt in drei Puzzleteile; Beschriftung der Teile : die Verben „heilen", „teilen", „verweilen"**
- **Schale mit Weihwasser**
- **Aspergill aus Buchszweigen**
- **Zündhölzer und Anzündwachs**
- **Klangschale**
- **Jesus-Litanei und Lob- und Dank-Litanei** (im Anhang)
- **Hand-in-Hand-Verslein**

■ **Ablauf Modell 6**

„Du bist ein Schatz" Kinderwallfahrt zur Vorbereitung auf die Erstkommunion mit 3 Stationen und Andacht		
Methode / Form	**Texte / Gestaltungselemente**	**Material/ Dauer**
1. Station: Heil machen wie Jesus		
Singen mit Bewegungen	**Lied „Hallo, Hallo, hallo"** (siehe Anhang Modell 1, S. 77)	Liedzettel, Gitarre
Begrüßung und Gespräch	**Einleitung und Frageimpuls:** *„Wir werden heute einen Weg miteinander gehen. Wer miteinander einen Weg geht, gehört irgendwie zusammen. Was haben wir gemeinsam? Was verbindet uns?"*	
Eröffnungsritual	**Kreuzzeichen** (ganz langsam vormachen, denn nicht alle Kinder werden die Geste beherrschen)	

Beten	**Gebet:** *„Lieber Gott, unser gemeinsamer Weg heute wird anders sein als die vielen Wege, die wir sonst gehen. Heute wollen wir ganz bewusst als Freunde und Freundinnen von Jesus unterwegs sein. Deshalb werden wir auch dieses Kreuz vorantragen. Wir wollen entdecken: Was macht die Freundschaft mit Jesus so wertvoll? Hilf, dass wir auf diesem Weg spüren: Das Gute, das von Jesus ausgeht, kann auf uns übergehen und uns Kraft geben zu einem guten Leben als echte Christinnen und Christen. Amen.“*	
Hinführung und Gespräch	**Einführung des zentralen Symbols „Schatzkiste“:** *„Was ist denn das in unserer Mitte?“* (Kinder erraten: Schatzkiste! Ein Kind darf sie öffnen: Noch ist die Kiste leer.) *„Was gehört denn hinein in so eine Kiste?“* (Vorschläge sammeln.) *„Eigentlich sehe ich hier schon sehr viele Schätze: Dich und dich und dich …“* (Auf Kinder zeigen) *„Wer sagt zu dir manchmal, dass du ein Schatz bist? Wann sagt man das von dir?“*	
Aktion mit Gegenstandsimpuls	**„Schatzsuche“:** *„Auf dieser Wiese ist etwas versteckt, was man hier nicht vermutet. Bitte sucht diesen Gegenstand.“* Kinder finden den Verbandskasten; Symbol im Kreis herumgeben; Kinder dürfen sagen, was ihnen dazu einfällt. *„Heute soll uns dieser Verbandskasten daran erinnern, dass es viele Menschen gibt, die verletzt sind an ihrem Körper oder ihrer Seele. Oder Menschen, denen bestimmte Fähigkeiten fehlen und die deshalb Hilfe brauchen. – wie der Mann in der Geschichte, der Jesus am See von Galiläa begegnete …“*	Verbandskasten, als Geschenk verpackt, daran das 1. Puzzleteil mit Aufschrift „heilen“
Lesung	**Evangelium Mk 7,31–35: Die Heilung eines Taubstummen**	Bibel
Gespräch und Aktion mit Gegenstandsimpuls	*„Einem Tauben die Ohren öffnen können wir nicht. Trotzdem können wir dem Beispiel Jesu folgen: Manchmal hört einer zwar, kann aber nicht verstehen. Dann braucht er vielleicht deine Hilfe …“* (Beispiel aus der Schule). *„So kann durchaus et-*	

	was ‚heil' werden, also etwas gut werden. Wenn wir dafür sorgen, dass etwas wieder gut wird, werden wir für andere zum Schatz." **Puzzleteil „heilen" in die Schatzkiste.**	
Singen	**Kanon „Gib uns Ohren, die hören"** (Bezugsquelle und Bewegungsanleitung siehe Anhang)	Liedblätter, Gitarre
Beten	Gebet: *„Lieber Gott, wenn wir auf diese Schatzkiste schauen, merken wir: Viele Schätze sind hier versammelt. Du hast uns wunderbar gemacht, hast uns die Fähigkeit gegeben, füreinander zum Schatz zu werden durch die Hilfe von Jesus. Dafür danken wir dir und loben dich – jetzt und immer. Amen."*	
Anweisung	**Überleitung zum Aufbruch:** Texte für Litanei austeilen (bis zu 3 Kinder können vorbeten); Gegenstände, die mitgetragen werden, an Kinder verteilen; Zuordnung bekannt geben.	Textblatt, 3x; alle Gegenstände, die auf dem Weg mitgetragen werden
1. Wegstück		**15 min**
Singen und Beten	**Kanon „Lasst uns miteinander"** (Bezugsquelle siehe Anhang); danach **Lob- und Dank-Litanei**	Gitarre
2. Station: Teilen wie Jesus		**10 min**
Aktion mit Gegenstandsimpuls	**„Schatzsuche":** Kinder finden das Brot; Symbol im Kreis herumgeben; Kinder dürfen sagen, was ihnen dazu einfällt.	Brot, als Geschenk verpackt, darandas 2. Puzzleteil mit Aufschrift „teilen"
Lesung	**Evangelium Mk 8,1–8: Die Brotvermehrung**	Bibel
Gespräch und Aktion mit Gegenstandsimpuls	*„Vielleicht hast du das auch schon mal erlebt, dass man meint, etwas reicht nicht für alle. Was können wir dann tun, damit niemand leer ausgeht?"* (Antwort: Teilen!)	

	„Von Jesus können wir lernen: Wenn nicht jeder an sich selber denkt, dann ist eigentlich genug für alle da. Nicht nur vom Brot." (Überlegen, was der Mensch zum Leben braucht.) **Puzzle-Teil „teilen" in die Schatzkiste.**	
Singen mit Bewegungen	**Kanon „Gib uns Ohren, die hören"** (Bezugsquelle und Bewegungsanleitung siehe Anhang), diesmal auswendig und mit Bewegungen	Gitarre
Symbolhandlung mit Segnung	**Brot teilen:** *„Statt eines Gebets wollen wir nun ganz still und freundlich dieses Brot miteinander teilen. Wer ein Stück bekommt, schaut, wer noch nichts hat, und teilt. Wir essen erst, wenn alle ein Stück Brot in der Hand haben. Ein Stück davon werden wir aufheben und auf unserem Weg weiter mittragen."* **Segensgestus mit Bitte:** Auf dem Brot mit dem Daumen ein Kreuz zeichnen, dazu beten: *„Guter Gott, wir bitten dich, segne dieses Brot. Indem wir es teilen, wollen wir zeigen, dass wir aufeinander achten und uns um einander kümmern, wie wir es von Jesus gelernt haben. Amen.*	Brot in einer Schale
Anweisung	**Überleitung zum Aufbruch:** Kinder auswählen, die die Gegenstände tragen, Texte für die Litanei austeilen.	Textblatt, 4x
2. Wegstück		**15 min**
Singen und Beten	**Jesus-Litanei**	Liedblätter, Flöte
3. Station: Sich für andere Zeit nehmen wie Jesus		**10 min**
Aktion mit Gegenstandsimpuls	**„Schatzsuche":** Kinder finden die Uhr; Symbol im Kreis herumgeben; Kinder dürfen sagen, was ihnen dazu einfällt.	Uhr, als Geschenk verpackt, daran das 3. Puzzleteil mit Aufschrift „verweilen"
Lesung	**Evangelium Mk 10,13 f.: Die Kindersegnung**	Bibel

Gespräch und Aktion mit Gegenstandsimpuls	*„Jesus war an diesem Abend bestimmt schon müde. Die Jünger wollen, dass die Frauen und Kinder Jesus in Ruhe lassen. Doch Jesus schenkt ihnen etwas sehr Kostbares: Zeit! Er bleibt eine Zeit lang bei ihnen, verweilt in ihrer Mitte* (Puzzleteil „verweilen" hochheben). *Das können wir auch: einander Zeit schenken. Wir werden zum Schatz füreinander, wenn wir Zeit füreinander haben. Zeit, um miteinander ... um füreinander ..."* (gemeinsam Ideen sammeln) **Puzzle-Teil „verweilen" in die Schatzkiste.**	
Singen mit Bewegungen	**Kanon „Gib uns Ohren, die hören"** (Bezugsquelle und Bewegungsanleitung siehe Anhang), wieder auswendig und mit Bewegungen	Gitarre
Beten	*„Wir wollen beten und legen dazu eine Hand auf unser Herz: Lieber Gott, hier in meiner Brust fühle ich das Pochen meines Herzens. Jeder Herzschlag sagt mir: Du schenkst mir Zeit. Lebenszeit. Zeit für mich. Zeit aber auch für andere. Ich will meine Zeit nützen, um Gutes zu tun – mir selbst und anderen. Jesus kann mich daran erinnern, dass wir Menschen einander brauchen. Deshalb brauchen wir auch Zeit füreinander. Ich strecke nun meine Hände nach rechts und links zu meiner Nachbarin / meinem Nachbarn aus. Jetzt stehe ich nicht mehr allein vor dir, sondern bin mit den anderen verbunden. Hilf du uns, dass wir den Weg zur Erstkommunion in guter Gemeinschaft gehen, durch Jesus, unseren Herrn und Freund. Amen."*	
Anweisung	**Überleitung zum Aufbruch:** Kinder auswählen, die die Gegenstände tragen.	
3. Wegstück		
Singen	**Lied „Laudato si"** (Bezugsquelle siehe Anhang)	Gitarre
Andacht in der Kirche: Ihr aber seid der Leib Christi		
Akustisches Signal zum Beginn	Einen Kreis um das Taufbecken herum bilden. Klangschale anschlagen.	Klangschale, brennende Osterkerze neben Taufbecken

| Begrüßung | Je ein Vertreter, eine Vertreterin von Kirchenverwaltung, Pfarrgemeinderat und Sozialkreis heißt die Kinder willkommen und erklärt mithilfe der Puzzleteile, worum sich das Gremium, dem er / sie angehört, kümmert:

Sozialkreis: Vertreter/in nimmt Puzzleteil „heilen" und legt es in die Mitte auf den Boden. Dann hebt er/sie den Verbandskasten hoch und erklärt, dass Mitglieder des Sozialkreises kranke und alte Menschen besuchen oder Menschen, die einen lieben Angehörigen verloren haben, dass sie ferner Seniorennachmittage und –ausflüge organisieren und Krankenkommunion bringen …

Kirchenverwaltung: Vertreter/in nimmt Puzzleteil „teilen" und baut es mit dem ersten Teil zusammen. Er / sie erklärt mit dem Symbol „Brot" in der Hand, dass die Kirchenverwaltung sich um die Verteilung des Geldes in der Pfarrei kümmert. Sie achtet darauf, dass alle Gruppen der Pfarrei einen gerechten Anteil bekommen und dass auch die Sorge um die Armen dazugehört, selbst wenn diese gar nicht der Pfarrei angehören …

Pfarrgemeinderat: Vertreter/in baut Puzzleteil „verweilen" dazu und erklärt mit dem Symbol „Uhr" in der Hand, dass die Pfarrgemeinderäte zusammen mit dem Pfarrer und allen anderen Seelsorgern und Seelsorgerinnen (Namen nennen!) beraten, was in der Pfarrei alles geschehen soll, damit sichtbar wird. Hier versuchen Menschen, Christus nachzufolgen. Sie organisieren auch fröhliche Feste und sorgen dafür, dass bei den Gottesdiensten etwas für Kinder dabei ist … Viele Treffen sind nötig, um alles zu planen und zu organisieren. Diese Arbeit kostet viel Zeit, macht aber auch Spaß.

Das entstandene Jesusbild am Boden in seiner Gesamtheit betrachten. | Die zentralen Symbole und Puzzleteile |
| Hinführung und Gespräch | *„Wir stehen hier an einem Ort, an dem praktisch alles, was in dieser Pfarrei geschieht, seinen Anfang nimmt. An einem solchen Ort bist du Christ, Christin geworden. Du weißt bestimmt, was man hier an diesem Becken macht."* (Kinder erzählen, was sie über die Taufe wissen.) | |

Eröffnungs-ritual	**Tauferinnerung:** *„Die meisten von euch wurden getauft, als sie Babys waren und noch nicht selber reden konnten. Damals haben die Eltern und Taufpaten für euch gesprochen. Sie haben gesagt: „Ja, dieses Kind soll an Gott glauben. Es soll ein Freund, eine Freundin von Jesus werden und seinem Beispiel folgen. Und wir werden ihm dabei helfen."* *Jetzt seid ihr alt genug, selber zu sagen, ob ihr das wollt. Bei eurer Erstkommunionfeier wird euch der Priester fragen: Glaubt ihr an Gott, an Jesus, an seine Liebe und Freundschaft? Wollt ihr nein sagen zu allem Bösen? Wollt ihr euch einsetzen für das Gute?* *Und jedes einzelne Kind sollte dann die Antwort geben: „Ja, ich glaube, ja, ich will!"* *Noch hast du ein paar Monate Zeit, dir zu überlegen: Bin ich dazu wirklich bereit?* *Jetzt aber sollst du durch ein Zeichen daran erinnert werden, dass du getauft bist.* (Aspergill eintauchen) *Wenn du das Weihwasser spürst, dann mache bitte das Kreuzzeichen. Du gehörst zur Gemeinschaft der Christen, denn du bist getauft auf den Namen Gottes: des Vaters, des Sohnes und des Heiligen Geistes. Amen."* (Kinder besprengen).	Tauf-becken, darin eine Schale mit Weihwasser, ein Aspergill
Singen und Tanzen	**Lied mit Gebärdentanz: „Wir kleinen Menschenkinder"** (siehe Anhang Modell 4, S. 125), 1. Strophe, dreimal; um die Jesuskerze herumtanzen	Gitarre, Flöte
Erklärung	**Verknüpfung des Brotteilens mit der Erstkommunion:** *„Nicht nur die Taufe verbindet die Christen. Es gibt noch ein Zeichen, das uns untereinander und mit Jesus verbindet. Es hat mit dem zu tun, was wir heute bei der 2. Station gemacht haben."* (Brot teilen) *„Jesus hat oft mit seinen Freunden und Freundinnen Brot geteilt, so wie wir heute. Aber beim letzten festlichen Essen hat er etwas Besonderes getan ..."* (Vom Abendmahl erzählen.)	

Liturgische Handlung	**Aussetzung des Allerheiligsten:** **Öffnen des Tabernakels** (darf nur ein/e Seelsorger/in oder ein/e Kommunionhelfer/in!): Hostienkelch wird geöffnet auf den Altar gestellt. Bitte betonen: *„Eine Kostbarkeit wird hier aufbewahrt, ein besonderer Schatz! Jesus selbst ist hier in unserer Mitte im Zeichen des Brotes."* Nachdem die Kinder einen Blick in den Kelch werfen durften, knien sich alle auf die Altarstufen. – Kurze Stille. *„Jesus will, dass sein Freundeskreis für immer mit ihm verbunden ist und dass durch diesen Freundeskreis in der Welt Gutes geschieht. In diesem kleinen Brot kommt er zu uns Christen und Christinnen. Er gibt uns die Kraft, christlich, d.h. seinem Beispiel folgend, zu leben.*	
Lesung mit kurzer Erklärung	*„Der Hl. Paulus schreibt an die Gemeinde von Korinth einen wunderschönen Satz:"* **1 Kor 12,27 und 28** vorlesen bis „… leiten" Jesus selber ist nicht mehr sichtbar in dieser Welt. Aber er wirkt nach wie vor hier unter uns. Nämlich durch uns Christen und Christinnen. Wenn alle, die Anteil haben an diesem Brot und somit Anteil haben an Jesus Christus, sich so verhalten, wie sie es von Jesus gelernt haben, wird durch sie in der Welt das Christliche sichtbar. Sie sind praktisch hineinverwandelt in den Leib Christi, der in der Welt wirkt. Auch durch dich möchte Jesus wirken. Deshalb möchte er am Tag deiner ersten Kommunion im Zeichen des Brotes zu dir kommen. **Hostienkelch wieder in den Tabernakel schließen.** Alle stehen wieder auf.	Bibel
Singen	**Kanon „Lasst uns miteinander"** (Bezugsquelle siehe Anhang)	
Beten	**Vater unser,** dazu fassen wir uns an den Händen	
Ritual	**Friedensgruß**	

Beten mit Gebärden	Segensbitte: *„Gott, du Freund der Menschen, Hand in Hand stehen wir vor dir.* (Alle halten sich an den Händen.) *So ist niemand allein. Jetzt öffnen wir die rechte Hand zur Schale, die linke Hand wird zur Stütze der rechten Hand meines Nachbarn oder meiner Nachbarin.* (Linke Hand unter die rechte Hand des Nachbarn / der Nachbarin legen.) *Wir bitten dich: Lieber Gott, schau auf unsere Hände, die zu Schalen geworden sind. Leg in die Schalen die gute Kraft der Liebe. Sie wird uns helfen, miteinander gute Wege zu gehen.* (Alle gehen im Kreis, dazu leise Musik; stehen bleiben, wenn die Musik aufhört.). *Vor dir, unserem guten Gott, verneigen wir uns voller Dankbarkeit* (tiefe Verneigung) *und bitten dich: Leg deinen Segen auf uns und begleite uns auf unserem Weg zur Erstkommunion. Amen.“*	Liedblätter, Gitarre, Flöte
Singen mit Bewegungen	**Eventuell Zugabe: Lied „Gottes Liebe ist so wunderbar“** (Bezugsquelle und Bewegungsanleitung siehe Anhang)	Gitarre

Anschließend Kirchenführung in Kleingruppen durch die Vertreter/innen der Pfarrei:
Den meisten Kindern ist die Kirche ziemlich fremd. Aber auch diejenigen, die sie vom Gottesdienstbesuch kennen, freuen sich, wenn sie einmal hinter die Kulissen schauen dürfen.
Mögliche Angebote:
- **Die Sakristei**
- **Die liturgischen Gewänder**
- **Die liturgischen Bücher**
- **Die Ministranten-Umkleide**
- **Der Beichtstuhl oder die Beichtkapelle**
- **Turmbesteigung**

Anhang

■ **Texte**

☐ **Jesus-Litanei**

L.: Heute wollen wir Jesus einmal ganz fest Danke sagen für seine Freundschaft.
Wir rufen gemeinsam: Danke, lieber Jesus!
                    A.: Danke, lieber Jesus!

V. 1: Alle Mädchen rufen: A.:   Danke, lieber Jesus!
      Alle Buben rufen:
      Alle Mamas rufen:
      Alle Papas rufen:
      Alle zusammen rufen:

V. 2: Du hast uns Menschen gern.
                         A.:   Danke, lieber Jesus!
      Du bist uns Menschen nahe.
      Du willst uns mit deiner Liebe anstecken.
      Du willst uns lehren, wie wir gut miteinander auskommen.
      Du zeigst uns Wege zu einem guten Leben.

L.:   Alle gemeinsam rufen wir Jesus zu:
                         Denn du bist unser Freund.
                       A.:   Denn du bist unser Freund.
V. 3: Wir schauen zu dir auf.   A.:   Denn du bist unser Freund.
      Wir sprechen mit dir im Gebet.
      Wir erzählen dir unsere Sorgen.
      Wir bringen dir unsere Bitten.
      Wir holen uns bei dir Rat.
      Wir holen uns bei dir Hilfe.
      Wir holen uns bei dir Kraft.

V. 4: Wir singen für dich frohe Lieder.
      Wir folgen deinem Beispiel.
      Wir gehen mit dir Schritt für Schritt.
      Wir sind durch dich verbunden.
      Mit allen, die an dich glauben.
      Mit allen, die dir vertrauen.
      Mit allen, die auf dich hoffen.
      Mit allen, die dich lieb haben.

L: Wir wollen beten:
      Lieber Jesus. Du willst auf ewig unser Freund sein. Auf dich
      ist Verlass.
      Du willst uns helfen, damit unser Leben gelingt.
      Dafür danken wir – heute und alle Tage und in Ewigkeit.
      Amen.

■ Lieder

☐ **„Hallo, Hallo, hallo"**
Siehe Anhang Modell 1, S. 77

☐ **„Wir kleinen Menschenkinder"**
Siehe Anhang Modell 4, S. 125

☐ **„Gib uns Ohren. die hören"**
Text / Musik: Bernd Schlaudt, aus: Gertrud Miederer, Heinz Rehlen, Norbert Weidinger (Hg.): Mitten unter uns. Ökumenisches Gebete- und Liederbuch für die Grundschule, Verlag Moritz Diesterweg, Braunschweig, und Don Bosco Verlag, München, 2004, S. 103

Bewegungen:
– Bei „Ohren" Hände hinter die Ohren legen;
– bei „Augen" mit Daumen und Zeigefingern eine „Brille" formen und vor die Augen halten;
– bei „weites Herz" mit beiden Zeigefingern großes Herz in die Luft zeichnen;
– bei „andre" mit beiden Armen einladende Geste, dabei geöffnete Hände mit Handflächen nach oben erst nach vorne zur Mitte, dann im Halbkreis nach außen führen
– ab „Gott, gib uns ..." acht Schritte nach rechts im Kreis (bei Aufstellung im Kreis) oder am Platz (wenn keine geordnete Aufstellung).

☐ **„Lasst uns miteinander"**
Text / Musik: Peter von Woerden, Rechte: Verlag Strube GmbH, München. aus: Gertrud Miederer, Heinz Rehlen, Norbert Weidinger (Hg.): Mitten unter uns. Ökumenisches Gebete- und Liederbuch für die Grundschule, Verlag Moritz Diesterweg, Braunschweig, und Don Bosco Verlag, München, 2004, S. 96

☐ **„Laudato si"**
Text: Winfried Pilz, Musik: Volkslied aus Italien, Rechte: Verlag Haus Altenberg, Düsseldorf, aus: Andreas Ebert (Hg.):Das Kindergesangbuch, Claudius Verlag, München, 1998, S. 294ff

□ „Gottes Liebe ist so wunderbar"

Text: mündlich überliefert, Musik: Spiritual, aus: Elke Hirsch: Kommt, singt und tanzt. Materialien für Schule und Gemeinde, Patmos Verlag, Düsseldorf, 1999, S. 64f.

Bewegungen:

Strophen:

- bei den ersten drei „wun-der-bar" auf jede Silbe einmal kurz klatschen;
- bei „so wunderbar groß" mit beiden Armen gleichzeitig einen großen Kreis beschreiben.

Refrain:

- bei „so hoch" sich auf Zehenspitzen nach oben stecken, dabei Arme ganz hoch heben;
- bei „so tief" in die Hocke gehen, Handflächen auf den Boden legen;
- bei „so weit" im Stand Arme ausbreiten;
- bei „so wunderbar groß" mit beiden Armen gleichzeitig einen großen Kreis beschreiben.

Literaturverzeichnis

Bayerisches Staatsministerium für Unterricht und Kultus (Hg): Praxishandbuch zur Werteerziehung. Werte machen stark, BRIGG Pädagogik, Augsburg, 2008

BERGER, Rupert: Neues Pastoralliturgisches Handlexikon, Herder-Verlag, Freiburg / Basel / Wien, 2. Aufl., 1999

BISER, Eugen / HAHN, Ferdinand, LANGER, Michael (Hgg.): Der Glaube der Christen, Bd. 2: Ein ökumenisches Wörterbuch; Pattloch Verlag, München, 2001

Die Bibel. Einheitsübersetzung (EÜ). Verlag Katholisches Bibelwerk, Stuttgart 2005

Deutscher Katechetenverein DKV: Katholische Blätter, Zeitschrift für Religionsunterricht, Gemeindekatechese, kirchliche Jugendarbeit; 3 / 07, Kösel-Verlag, München, 2007

Deutscher Katechetenverein DKV: Materialbrief RU Primarstufe, 2 / 07, Kösel-Verlag, München, 2007

DRESSEL, Thomas / GEYRHALTER, Jutta: Morgens um Acht, Kösel Verlag , München, 5. Aufl., 2009

GROM, Bernhard: Religionspsychologie, Kösel-Verlag, München / Vandenhoeck & Ruprecht, Göttingen, 1992

HARTMANN, Michael (Hg.): Die Stuttgarter Konkordanz zur Einheitsübersetzung, Verlag Katholisches Bibelwerk, Stuttgart 2009

POUSSET, Rainer (Hg.): Handwörterbuch für Erzieherinnen und Erzieher, PVU- Beltz Verlag, Weinheim, 2006

RAHNER, Karl / VORGRIMLER. Herbert: Kleines Konzilkompendium. Sämtliche Texte des Zweiten Vatikanums, Herder-Verlag, Freiburg / Basel / Wien, 26. Aufl., 1994

RENNER, Michael: Spieltheorie und Spielpraxis – Ein Lehrbuch für pädagogische Berufe, Lambertus- Verlag, Freiburg im Breisgau, 3. Aufl., 2008

SCHENK-DANZINGER, Lotte: Entwicklungspsychologie, Öbvhpt Verlagsgesellschaft, Wien 2002

SIEGLER, Robert: Das Denken von Kindern, Oldenbourg Verlag, Wien 2001

Internet-Quellen

DEMGENSKY, Norbert: Elbikon-online. Die elektronische Bibel-konkordanz im Internet, unter: www.bibel-konkordanz.de

Homepage der Katholischen Kirche: http://www.katholische-kirche.de/Suchen + Finden/Seelsorge + Rat; Stand Juni 2010

SCHÄFER, Joachim: Ökumenisches Heiligenlexikon, unter: www. heiligenlexikon.de, Stand: Juni 2010

SCHÄFER, Klaus: Sprachliche Analysen zu „Wallfahrt", 2001; Stand Juni 2010, unter: home.arcor.de/schaefer.sac/rwf/sdc/WALL-FAHR.PDF

In der Reihe „Feiern mit der Bibel" sind folgende Titel erschienen

Gottesdienstmodelle und Predigtanregungen
14,8 x 21 cm; 80 bis 136 Seiten; kartoniert

Einzelpreis:
€ [D] **15,60** / € [A] 16,10 / sFr 28,-

Abo-Preis:
€ [D] **14,80** / € [A] 15,30 / sFr 26,60

Franz-Peter Tebartz-van-Elst
Öffne uns den Brunnen der Taufe
Die Feiern der Eingliederung
in die Kirche
€ **7,80** / € [A] 8,10 / sFr 14,50*
ISBN 978-3-460-**08001**-0

Franz-Peter Tebartz-van-Elst
**Entflamme in uns die Sehnsucht
nach dem Licht**
Tauferinnerung in der Verkündigung
des Kirchenjahres
€ **7,80** / € [A] 8,10 / sFr 14,50*
ISBN 978-3-460-**08002**-7

Pia Biehl
Erzähl mir mehr vom lieben Gott
Krabbel- und Kindergottesdienste
zu biblischen Geschichten
ISBN 978-3-460-**08011**-9

Stefan Böntert
Verkündet es von den Dächern
Neue Medien und Pfarrgemeinde
€ **7,80** / € [A] 8,10 / sFr 14,50*
ISBN 978-3-460-**08015**-7

Claudia Hofrichter / Albrecht Reiner
(Hrsg.)
Wir bauen Brücken
Alternative Gottesdienstmodelle
€ **7,80** / € [A] 8,10 / sFr 14,50*
ISBN 978-3-460-**08016**-4

Herbert Schlögel, Andreas-P. Alkofer
Was soll ich dir tun?
Kleine Bioethik der Krankenseelsorge
€ **7,80** / € [A] 8,10 / sFr 14,50*
ISBN 978-3-460-**08017**-1

Markus Arnold
Wege der Versöhnung
Grundlagen und Modelle der Buß-
praxis in Kinder-, Familien- und
Gemeindekatechese
ISBN 978-3-460-**08018**-8
€ [D] **7,80** / € [A] 8,10 / sFr 14,50*

Marliese und Günter Siener
Esel, Stern und Hirtentasche
Acht Kinderkrippenfeiern
mit Erlebnisgestalten
€ [D] **6,80** / € [A] 7,- / sFr 12,90*
ISBN 978-3-460-**08019**-5

Pia Biehl
„Lieber Gott, hörst du uns ..."
Kindergottesdienste zu Grundgebeten der Kirche
€ **[D] 10,50** / € [A] 10,80 / sFr 19,10*
ISBN 978-3-460-**08020**-1

Konrad Baumgartner (Hrsg.)
Trauer und Hoffnung feiern
Impulse und Modelle
€ **[D] 15,60** / € [A] 16,10 / sFr 28,-*
ISBN 978-3-460-**08021**-8

Jürgen Kaufmann, Alexandra Völkl
Mein gebrochenes Herz machst du wieder heil
Offene Trauerandachten
ISBN 978-3-460-**08022**-5

Pia Biehl
Wir sind eingeladen
Grundschulgottesdienste
ISBN 978-3-460-**08023**-2

Adrian Willi
Leidensgeschichten
Passionen, Gebete, Kinderliturgie
€ **[D] 12,50** / € [A] 12,90 / sFr 22,70,-
ISBN 978-3-460-**08024**-9
ISBN 978-3-7252-**0835**-7 (rex)

Herbert Schlögel
**Und vergib uns *meine* Schuld.
Wie auch wir...**
Theologisch-ethische Skizzen
zu Versöhnung und Sünde
ISBN 978-3-460-**08025**-6

Ludwig Mödl, Tamara Steiner
Den Alltag heiligen
Rituale, Segnungen und Sakramentalien
€ **[D] 17,80** / € [A] 18,30 / sFr 32,50
ISBN 978-3-460-**08026**-3

Pia Biehl
Wir sind deine Gäste
Krabbel- und Kindergottesdienste
zu biblischen Geschichten aus
dem Alten und Neuen Testament
€ **[D] 12,90** / € [A] 13,20 / sFr 23,90
ISBN 978-3-460-**08027**-0

Jürgen Kaufmann
Du hast mein Leben dem Tod entrissen
Offene Trauerandachten
ISBN 978-3-460-**08028**-7

* unverbindliche Preisempfehlung

(Stand: 27.9.2010 / Engesser / lieferbare Titel in der Reihe FmdB)

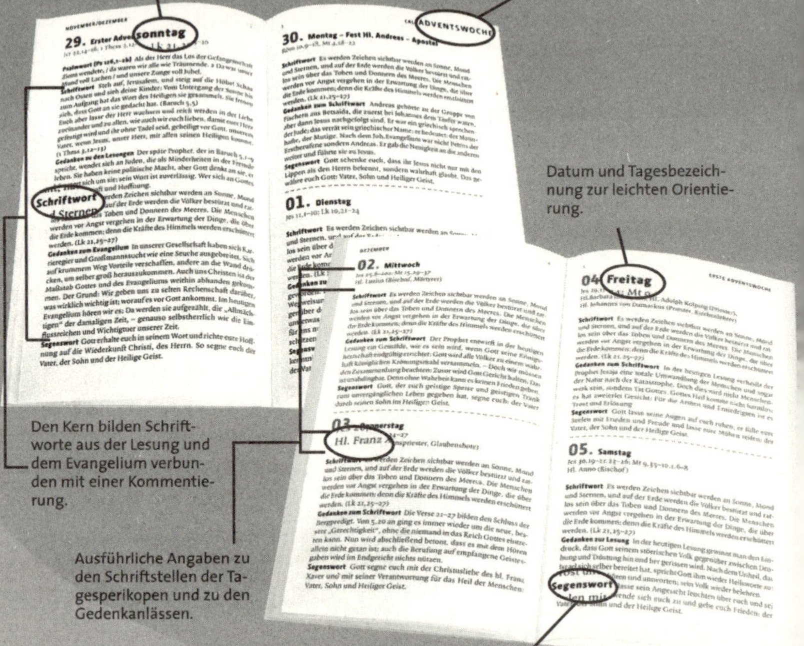

inspiriert in den Tag

Karin Jeromin (Hrsg.)
**Die Bibel
Tag für Tag**

Format 10 x 18 cm;
224 Seiten; broschiert
ca. € [D] **4,95**
€ [A] 5,10 / sFr 9,80
ISBN 978-3-460-**20119**-4

Diesen Gedanken aufgreifend macht der neue biblische Jahresbegleiter entsprechend Appetit und lässt jeden Tag mit einer Kurzlesung und einer segensreichen Inspiration beginnen:

- Mit dem Sonntag als dem Tag der Ruhe und als österlichem Gedenktag beginnt jeweils die neue Woche.
- Seine Bedeutung wird ausgedrückt durch eine ganzseitige Darstellung.
- Außerdem werden Schriftworte sowohl aus der Lesung als auch aus dem Evangelium ausgewählt.
- Die Schrifttexte werden spirituell kommentiert und im Alltag verortet. Ein Psalmwort führt in jeden Sonntag ein.
- Zur leichten Orientierung sind Sonn- und Werktage deutlich durch Datum und Angabe des Tages gekennzeichnet.
- Als Kolumnentitel stehen links immer der Monatsname und rechts die Bezeichnung des Kirchenjahres.
- Mit einem frei formulierten Segenswort beginnt der Tag .